SUR

LA MAISON

LE RÉVÉREND

Sieurs de Basly, Bougy, Calix, La Comté, Soliers,
Marquis de Calonges, Vicomtes du Mesnil

EN BASSE-NORMANDIE

D'après les documents authentiques

PAR

E. RÉVÉREND DU MESNIL

Ancien Magistrat

MEMBRE DE PLUSIEURS SOCIÉTÉS SAVANTES

Directeur de la *Revue l'Ancien Forez*

LYON

IMPRIMERIE MOUGIN-RUSAND

3, rue Stella, 3

1882

MÉMOIRES GÉNÉALOGIQUES

SUR LA

MAISON LE RÉVÉREND

Sieurs de Basly, Bougy, Calix, La Comté, Soliers,
Marquis de Calonges, et du Mesnil

EN BASSE-NORMANDIE

D'APRÈS LES DOCUMENTS AUTHENTIQUES

MICHEL RÉVÉREND DE BOUGY

Prêtre, Docteur de Sorbonne,
Saint-Benoist, congrégation de
dulphe, Diocèse de Chalons en
Proviseur, Bienfecteur, Restau-
la Congrégation des Prêtres du
il décéda le 27 janvier 1681

Gravé en 1742, par les soins
d'Eu, par P. Dupin, d'après
en 1675,

Le dit sieur de Bougy

abbé de Saint-Urbain, ordre de
Saint-Vanne et de Saint-Hy-
Champagne, Conseiller d'État,
rateur et Illustre défenseur de
Calvaire du Mont-Valérien, où
et fut inhumé le 28.

de J.-B. Héron, de la ville
son Portrait original peint
par A. C.

étant alors âgé de 64 ans.

LA MAISON

LE RÉVÉREND

Sieurs de Basly, Bougy, Calix, La Comté, Soliers,

Marquis de Calonges, et du Mesnil

EN BASSE-NORMANDIE

D'après les documents authentiques

PAR

E. RÉVÉREND DU MESNIL

Ancien Magistrat

MEMBRE DE PLUSIEURS SOCIÉTÉS SAVANTES

Directeur de la *Revue l'Ancien Forez*

ERM

AVORVM · HONOS · PATRIÆ · DECVS ·

LYON

IMPRIMERIE MOUGIN-RUSAND

3, rue Stella, 3

1882

PRÉFACE

Non omnis moriar.
HORACE.

LORSQUE *l'on a un nom, qu'il soit noble ou roturier, on est pardon-
nable d'y tenir, car, selon l'expression de Bossuet, « de tous les biens
humains, c'est le seul que la mort ne peut nous ravir. » Il suffit
qu'il soit en estime parmi les hommes pour qu'on s'y attache et qu'on
tienne à conserver le souvenir de ceux qui l'ont porté avant nous.*

*La généalogie de notre famille a été publiée très incomplète par La Chesnaye
des Bois, fort erronée par les auteurs modernes : aussi tenons-nous à réparer, par
une nouvelle publication, les omissions et à rectifier les erreurs commises. La mort
de notre regretté père a mis en nos mains des archives domestiques malheureusement
incomplètes, mais une circonstance heureuse nous a révélé une nouvelle source d'in-
formations, que nous avions vainement recherchée. Éloigné du pays, berceau de nos
ancêtres, nous avons eu par hasard connaissance, il y a deux ans, du livre d'un
érudit qui a écrit, en 1877, un remarquable* Essai sur l'église réformée de
Caen : *voici ce que nous lûmes dans l'introduction de cet ouvrage :*

*« Isaac Dumont, seigneur de La Fontelaye et du Bostaquet, réfugié à l'étranger
après la révocation de l'édit de Nantes, et décédé en 1709 en Angleterre, avait laissé
par écrit le récit de ses aventures. M. Charles Read, président de la Société de
l'Histoire du Protestantisme français, consulté sur l'opportunité de la publication du
manuscrit, voulut visiter les lieux qui y étaient décrits et se rendit, à cet effet, au*

château de la Fontelaye, situé à huit lieues de Dieppe, et dont un ancien notaire de Rouen était devenu propriétaire. Son inspection terminée, il eut l'idée d'en parcourir les environs. Ses pas le conduisirent sur une ferme importante, nommée le Bostaquet, dont la vaste cour, entourée de bâtiments, conservait encore debout l'ancien colombier féodal. Là, révélation lui fut faite d'un amas considérable de vieux papiers abandonnés, dans un des greniers, depuis un temps immémorial, et sur lesquels on lui permit de jeter les yeux. Ces papiers, qui avaient appartenu à l'un des anciens membres du Parlement de Rouen, Pierre le Sueur, sieur de Colleville, gendre du ministre de Caen, Samuel Bochart, renfermaient de vieux parchemins, d'anciens titres de propriété, des correspondances de famille, et, en outre plusieurs registres de l'Église réformée de Caen. »

Ces registres, au nombre de douze, M. Sophronyme Beaujour, secrétaire du consistoire de Caen, les a parcourus en leur entier : il y a puisé des matériaux pour l'ouvrage que nous venons de rappeler : il a complété ces notes d'extraits d'autres registres découverts dans les archives de la ville de Caen et du département du Calvados; et, avec une bienveillance, trop rare hélas! chez beaucoup de travailleurs, il nous a généreusement communiqué tout ce qui était relatif à notre famille : nous sommes heureux de lui en adresser publiquement ici tous nos sentiments de gratitude.

A ces précieux documents, nous avons ajouté des extraits des registres parois-siaux de Falaise, que nous avons soigneusement compulsés depuis le 12 juin 1572 (1), des renseignements tirés de nos archives de famille, des indications fournies par les livres imprimés, et nous avons écrit ces Mémoires : un autre fera mieux après nous; il nous suffit d'avoir jalonné la route. Mais, qui, vraiment, oserait recom-mencer un si aride chemin?...

---

(1) C'est la date du plus ancien acte : la Trinité commence au 12 juin 1572 et Saint-Gervais au 4 mai 1594.

DU NOM DE RÉVÉREND

ALHERBE écrivit un jour à Racan « que c'est folie de se vanter d'être d'une ancienne noblesse, que plus elle était ancienne, plus elle était douteuse; qu'il ne fallait qu'une femme lascive pour pervertir le sang de Charlemagne et de Saint-Louis, et que tel qui pensait être issu de grands héros, était peut-être venu d'un valet de chambre... ou d'un violon ; » — dernier trait qui s'applique encore mieux quand on sait que notre grand poète Normand détestait la musique.

Et cependant le même homme, né à Caen en 1555, commençait ainsi une *Instruction à son fils* Marc Antoine (1) : « Il y a d'autres que nous qui portent le nom de Malerbe en Normandie, mais à la distinction de ceux-là, nous nous appelons Malerbe de Saint-Agnan. La terre de Saint-Agnan, à cinq lieues de Caen, du côté du Bocage, n'est plus aujourd'hui à notre maison quoique toujours elle s'appelle *Saint-Agnan le Malerbe*. Elle fut vendue par un de nos prédécesseurs pour le voyage de Terre Sainte... »
« Le même poète, dit un haut magistrat, notre ami d'études (2), continue en revendiquant pour les siens non seulement l'honneur d'avoir figuré aux Croisades, mais celui

---

(1) Mss. de la bibliothèque Méjane à Aix, d'où il est daté le *29 de juillet 1605*, publié dans le 4ᵉ volume des mémoires de l'Académie d'Aix, par M. Roux-Alphéran.

(2) L. Petiton, avocat général, *Malherbe dans la famille* dans *le Contemporain* de 1869.

plus ancien d'avoir fourni à Guillaume le Conquérant, la *Haye Malherbe*, l'un de ses valeureux compagnons à la Conquête de l'Angleterre en 1066 (1); puis sortant de ces généralités pour arriver aux générations les plus rapprochées de sa famille, il relate la fortune de son père qui peut posséder six à sept cents écus de rente, puis la situation et les alliances de ses ancêtres immédiats établis en la ville de Caen et sa propre union en province avec Madeleine de Coriolis, fille de Louis, président au Parlement de Provence. »

Il parle de ses armoiries peintes parmi celles de toutes les familles illustres qui avaient suivi Guillaume à la conquête de l'Angleterre, tant en une salle de l'abbaye de Saint-Etienne de Caen qu'en une de l'abbaye de Saint-Michel : « mes armoiries sont d'argent à six roses de gueules et des hermines de sables sans nombre. »

Ce qu'il ne dit pas, c'est qu'à son contrat de mariage, le 1er octobre 1581, il signait *Demalerbe*, au frontispice des *Traictez des droits et libertez de l'Eglise gallicane* par lui acheté en 1619, *Malherbe*, et plus tard sur le frontispice des *Œuvres de maistre Alain Chartier, clerc, notaire et secrétaire des Rois Charles VI et Charles VII... publiées par André Duchesne, Malherbe de Saint-Agnen* ; c'est aussi que, dans une lettre par lui adressée à Louis XIII, où il relate la mort de son fils unique Marc-Antoine, il avoue que *depuis deux cents ans, sa famille étoit en si mauvais termes, qu'elle ne scauroit être pis, si elle n'étoit ruinée entièrement ;* sort commun à beaucoup d'autres au temps des guerres religieuses. On le voit, notre poète oublieux de sa boutade à Racan, se mettait en contradiction avec lui-même en recherchant la longue suite de ses aïeux jusqu'au XIe siècle. N'était-ce de sa part qu'un acte de stérile vanité, puisqu'il n'y montre pas pour sa famille une vive affection et qu'il s'occupe plutôt des questions d'intérêt ? Nous ne le pensons pas. L'amour seul qu'il avait pour son fils, lui faisait évoquer, à son insu, ces souvenirs du passé, comme le meilleur des enseignements domestiques.

Si donc, dans une famille, le nom de la race se rattache à une tradition lointaine qui n'en permette pas de préciser l'origine, ou si encore il rappelle un acte glorieux où l'un des membres a bien mérité de la patrie, c'est là, on ne saurait le contester, un noble exemple qui engage : c'est vraiment en ce sens que s'applique le vieux proverbe de : *Noblesse oblige.*

---

(1) Le nom de Malherbe ne figure que parmi les seigneurs qui accompagnèrent Robert, duc de Normandie, à la conquête de la Terre Sainte en 1096. — Saint-Allais, *Nobiliaire universel*. VI-249.

On trouve, dans un vieux registre de cette époque donnant la liste des fiefs nobles du balliage de Falaise : *Gantelmus Malherba tenet feodum apud Nom. de feodo de Bazoches.* » — Langevin, *Recherches sur Falaise*, p. 150. — *Malherba* du latin *mala herba*, mauvaise herbe.

Jean Vauquelin de la Fresnaye n'avait pas moins de prétention de son origine puisqu'il a écrit :

Dès ce temps nos maïeurs déjà nobles vivoient
Et nos ducs généreux en leurs guerres suivoient.

Ces considérations sont la meilleure justification des généalogies dont rient parfois les esprits envieux : est-il besoin que leurs auteurs aillent se perdre dans la nuit des temps ou qu'ils rayonnent d'une gloire éclatante, pour que les membres actuels d'une famille se plaisent à rappeler les liens qui les unissent à eux ?

Il y a là plus qu'un jeu puéril d'archéologie, plus qu'une sèche nomenclature de noms, plus que la satisfaction stérile d'un sentiment de vanité : il y a une leçon d'histoire locale. La constatation du passé de certaines familles, même des plus humbles, est souvent utile pour les monographies où il n'est pas toujours mention de rois ou de princes : bien des familles bourgeoises doivent leur anoblissement à un fait d'armes qui leur a motivé cette récompense toujours si enviée, même à notre époque si démocratique.

De ce nombre est précisément la maison Le Révérend qui nous occupe : elle est issue d'une souche des plus modestes qui, en croissant, a vu l'une de ses branches s'illustrer quelque peu en rendant service à sa ville natale : il est bon de rappeler ce noble exemple aux nombreux rejetons qu'elle a formés.

Disons tout d'abord que le nom est fort ancien en Normandie : ce n'est pas une légende, c'est un fait d'histoire. Il est vrai que nous ne le rapportons qu'à titre de rapprochement curieux à cause de la similitude du nom. A la distance de plus de quatorze siècles, il est impossible de découvrir s'il y a ou non des attaches certaines : quelle est d'ailleurs celle de nos maisons chevaleresques qui pourrait fournir une si lointaine descente ?

On trouve que saint Révérend, né à Bayeux (1), fut converti au Christianisme par saint Exupère, premier évêque de cette ville. Il seconda si bien ce dernier dans son apostolat qu'il l'éleva à la dignité du sacerdoce : ce fut le premier prêtre de Bayeux. Révérend gagna par ses prédications enthousiastes un grand nombre d'idolâtres à la foi évangélique; lorsqu'il mourut, il fut inhumé dans la chapelle du pieux évêque et fut lui-même honoré par tout le diocèse le douzième jour de septembre (2).

Il est juste de dire qu'à cette époque si reculée et bien longtemps encore après, les noms de famille n'étaient point encore en usage. « Ce ne fut guère, dit Mézerai, — nous aimons à citer les auteurs du pays, — que vers la fin du règne de Philippe II dit *Auguste* (vers le XIIIᵉ siècle) que l'on commença (3) à prendre des noms fixes et héréditaires. Les seigneurs et les gentilshommes les prenaient le plus souvent de leurs terres et

---

(1) Hermant, *Histoire du diocèse de Bayeux.* — Le Breton, *Biographie normande.*

(2) Il y avait, avant la révolution, une confrérie instituée en 1649, en faveur des prêtres du diocèse, sous le patronage de saint Révérend : elle faisait ses offices dans l'église Saint-Nicolas de la Chesnaye, à Bayeux.

(3) Du Tillet et du Chesne ont prouvé que l'hérédité des noms a commencé vers 987.

les gens de lettres du lieu de leur naissance... » Par imitation, les plébéiens, suivant en cela l'usage des Grecs, prirent le nom de leur père : l'on disait *Michael Reverendi* pour signifier que Michel était fils de Révérend : les tabellions l'écrivaient dans leurs chartes $\frac{\text{REVERENDI}}{\text{Michael}}$ ou simplement *Michael Reverendi* en sous-entendant toujours le qualificatif *filius*.

Les surnoms ne vinrent qu'après, mais devinrent également patronymiques : on les trouve fréquemment précédés de l'article *le* dans le nord ou l'ouest de la France. On les prit des qualités ou des défauts du corps, le Grand, Camus, Petit, le Boiteux, le Court, Cortin ou Courtin ; de la forme, de la couleur ou d'une partie du vêtement, le *roquet*, un manteau, amena le Roquet, le *Grison*, une fourrure, fit Le Gris ou Le Grison ; de même le Blanc, le Roux, le Noir, etc.; de l'âge, le Jeune, le Vieux ; du métier, de la profession ou des offices, le Charpentier, le Boucher, Lécuyer, le Clerc, le Juge ; des bonnes ou mauvaises qualités, Lebon, le Mauvais, le Révérend (du latin *Reverendus*, respectable); des armes ou des actions guerrières, La Tour, Le Château, etc. : nous pourrions multiplier ces exemples à l'infini.

Jean Vauquelin de la Fresnaye a constaté de la sorte ces origines dans un livre, imprimé à Caen en 1605, ayant pour titre *les Foresteries* :

> L'an neuf cent ou devant, les surnoms commencèrent
> Et du nom de leurs fiefs, lors beaucoup s'appelèrent :
> Comme aussi plusieurs prenaient des seigneuries,
> Et des nouveaux noms, nouvelles armoiries (1).
> Et *Capet* et *Martel* des sobriquets étaient,
> Qui des hommes du temps les effets rapportoient,
> Le DE, le DU n'étoient pas encore en usage,
> Et le fameux Bertrand (2) si vaillant et si sage,
> Baron de Bricquebec, qui conquit l'Arragon,
> De DE (3) ne mit jamais à Bertrand sur son nom...

Mais aussi par suite des lois de la vicissitude à laquelle il semble que toutes les choses de ce monde ont été assujetties, les noms propres, devenus patronymiques et qui n'eurent vraiment une existence légale et régulière qu'au XVIᵉ siècle, varièrent de

---

(1) Cette assertion est inexacte attendu qu'au Xᵉ siècle, les armoiries n'étaient point encore employées : ce n'est guère qu'à l'époque des Croisades qu'elles devinrent en usage par suite de la nécessité de distinguer par des symboles apparents les troupes de gens d'armes au service des seigneurs différents. Un des plus anciens exemples est celui de Robert Iᵉʳ, comte de Flandres, ayant un sceau où il est représenté à cheval, tenant d'une main une épée et de l'autre *un écu sur lequel est un lion*.

(2) Robert Bertrand, sire de Briquebec figure dès 1304 dans le rôle des seigneurs convoqués pour les ban et arrière-ban de la guerre de Flandres. — Saint-Allais, VI-283.

(3) On sait que la particule *de* ou *du* dite nobiliaire, n'a jamais été une preuve de noblesse : elle n'a été qu'un signe de possession terrienne.

— 5 —

forme par cause de la prononciation : cet abus a toujours existé, car il était admis que les noms propres n'avaient point d'orthographe ; de nos jours, malgré le soin avec lequel sont tenus les registres de l'état civil, certains noms, grâce à leur synonymie, deviennent méconnaissables.

C'est ainsi que le nom de Révérend fut écrit Révérant, le Révérend ou Le Révérant, puis définitivement Révérend : le surnom de *du Mesnil* se transforma en du Ménil, Dumesnil et même Duménil : nous trouvons ces formes diverses dans nos archives et titres de famille. Ces variantes sont sans importance pour le généalogiste qui les rencontre si nombreuses au moyen-âge et même dans les temps modernes, dans toutes les filiations où l'on serait parfois tenté par là de « mecosnoistre les races » (Montaigne). L'observation devait en être faite, car bien des gens, par ignorance ou parti pris, y voient une certitude de non parenté.

Un document du xvᵉ siècle qu'un généalogiste contemporain a cité pour faire, du personnage qui y est nommé *Révérant*, « le premier de la famille Révérend dont on ait une connaissance authentique, » prouve les changements d'orthographe que nous venons de signaler : ce Révérant est un des clerc-notaires du roi Charles VI (1), qui signa, avec ses collègues, une ordonnance de ce prince concernant leur corporation : nous trouvons cette pièce dans l'*Histoire de la grande chancellerie.*

ACQUIER, *Armorial néral de France*, t. V

Le roi Charles VI ordonna « que tout le profict et émolument du sceau de toutes les lettres criminelles, qui dorénavant seroient scellées en la chancellerie de France ou ailleurs, tant de son temps que de ses successeurs rois de France, c'est à scavoir le Grand Scel, sous le Petit en l'absence du Grand, et aussi sous le Scel du Dauphiné, et ceux des échiquiers de Normandie, et Grands Jours de Champagne et tous autres sceaux ordinaires et extraordinaires, dont on scelleroit et pourroit sceller en quelque manière que ce soit ou pust être, seroit dorénavant distribué entre tous les dits notaires laycs, qui signeront lettres criminelles, et que le dit émolument seroit reçu par celuy d'eux que le dit collége voudroit à ce commettre et distribué par chacun mois en bourse, aux susdits secrétaires laycs; » laquelle ordonnance fut approuvée par les clercs-notaires (2), dans leur assemblée tenue le premier jour d'avril après Pasques de l'année 1407 et souscrite par :

TASCHEREAU, *Histoire la grande chancel. de France.*

Henry Maulonc, Droco, Jehan de Crespy, P. Mauhac, Gontier, J. Iche, Nicasius de Voser, Boutier, Saux, Charité, N. de Lespoisse, Dominique, Wlerat, Wtry,

---

(1) L'édit de François Iᵉʳ de l'an 1532 portant que les notaires ne minuteraient plus en latin, démontre que cette charge, qui primitivement n'avait été exercée que par des nobles, le fut dans la suite indifféremment par des nobles ou des roturiers. Un arrêté du conseil d'Etat du 4 juin 1668 déclara, pour la première fois, cette profession incompatible à l'avenir avec la noblesse.

(2) Ces officiers royaux ont été nommés plus tard *secrétaires du roi.*

Neauville, P. de Mota, Ayderian, P. de la Garde, H. de Cessiers, Phalignant, J. Daunoy, Barrau, J. de Conflans, Serpeaulx, Lamy, P. le Mercier, J. le Becque, P. Fréron, Gautier, G. Fortemont, P. Michel, G. de Baveriis, N. de Sancto Audomario, Juvenis, L. de Quingand, J. Charron, P. Dauqueil, N. de la Tillaye, J. de Charenton, N. Naront, J. de Rovières, H. de Cessiers, Villebensis, Io. de Lespoisse, R. Lorier, Chastenier, Marcade, R. Brisont, *Reverant*, G. Terreau, Gosset, Charpentier, Maurigat.

Ce clerc-notaire du roi Charles VI ainsi qu'un François Révérend, cité par le même généalogiste, étaient-ils de la famille dont nous allons esquisser l'histoire ? Les documents nous manquent pour le décider : quoique Moreri les déclare d'une « ancienne et noble famille » dès longtemps avant, il nous faut arriver à la fin du xvᵉ siècle pour constater authentiquement l'existence des Révérend qui nous occupent, mais alors les preuves abondent et nous pouvons les suivre résolûment jusqu'à nos jours.

LES LE RÉVÉREND

Sieurs DE BASLY, DE BOUGY, DE CALIX, DE LA COMTÉ, DE SOLIERS,
Marquis DE CALONGES.

N tableau filiatif tiré du fonds d'Hozier, généalogiste de France, dont nous possédons dans nos archives une copie dûment tabellionnée, nous permet d'établir les premiers degrés. Si l'on en croit Moréri (1), le plus anciennement connu qui « était de la religion (2) prétendue réformée, » fut :

I. MICHEL LE RÉVÉREND (3) qu'il dit, à tort, seigneur de Bougy, car Bougy ne fut acheté que par son fils aîné. Nous avons vu quelque part qu'il était *marchand*.

---

(1) « On ne trouve rien d'antérieur dans les livres imprimés, mais les titres de famille remontent plus haut quoi qu'ils soient assez informes, la maison ayant été pillée et brûlée une autre fois pendant les guerres civiles du XVIᵉ siècle. » — Moréri, *Dict. historique*, *verbo* Révérend de Bougy, V-487.

(2) Dès le 12 septembre 1540 eût lieu la tenue des Grands jours de Bayeux pour « exterminer cette malheureuse secte Luthériane, » mais les réformés n'en devinrent que plus nombreux, même parmi le clergé. Un édit du 24 juillet 1557 punit de mort toute manifestation publique ou secrète du culte différent du culte catholique.

(3) Moréri le cite au nombre des capitaines qui servirent en 1589 sous Montpensier et qui contribuèrent à la défaite des *Gauthiers,* mais il le dit père d'Olivier le Révérend, ce qui est encore inexact comme on le verra plus loin. — Voy. E. Haag, *la France Protestante, verbo* le Révérend.

Le nom de sa femme n'est pas connu, mais il fut père de deux fils :

1° Guillaume qui suivra;

2° Jacques rapporté après son aîné.

SECOND DEGRÉ.

II. GUILLAUME LE RÉVÉREND, natif de Caen, seigneur par acquisition du Parc et de Bougy (1). Il était échevin de la ville de Caen lorsqu'en septembre 1567 éclata la seconde guerre civile (2) du fait de la religion : suspendue par l'édit de pacification du 23 mars qui remettait en vigueur l'édit d'Amboise, elle reprit avec plus de fureur six mois après et ne cessa définitivement qu'en août 1570.

Tableau généalogique déjà cité.

Le Révérend défendit la ville de Caen « pendant la révolte, » et il reçut, en récompense de ce service signalé, des lettres-patentes d'annoblissement dont nous n'avons pu retrouver le texte.

La Saint-Barthélemy en 1572 n'eût, à Caen, aucune suite fâcheuse : les habitants de la ville étaient avant tout royalistes; ils comprenaient que du pouvoir central découlait tout ordre. Dans les troubles de la Ligue, ils prirent parti pour le roi : aussi Henri III transféra-t-il à Caen le parlement de Rouen pour récompenser leur fidélité. A la mort d'Henri III (1589), la ville se prononça pour Henri IV. Nous allons voir le rôle que jouèrent les neveux de notre Guillaume le Révérend pendant cette période de luttes continuelles.

Nous ne savons pas autre chose de Guillaume sinon que de Jeanne Gondouin (3), sa femme, si l'on en croit d'Hozier, dont la version paraît erronée :

Voy. p. 13.

Anne le Révérend, femme de Thomas le Haguais (4), contrôleur au grenier à sel.

---

(1) Sans doute des Bernart d'Avernes, ancienne famille qui possédait, aux XIVe et XVe siècles, les seigneuries de Bougy et de Giverville près Caen ; l'on voit par les aveux qu'Alain Bernart, écuyer, était seigneur de Bougy, et que Robin Bernart, son fils, et Jean, son petit-fils, les ont aussi possédées. — La Chesnaye des Bois, *Dict. de la noblesse*, généalogie Bernart d'Avernes.

Ils étaient établis au commencement du XVIIIe siècle à Courmesnil près d'Avernes-sous-Exmes, d'après M. Guyon des Diguières qui a publié une notice sur ces Bernart dans son excellent livre ayant pour titre *la Vie de nos pères en Basse-Normandie*, p. 72.

(2) « De 1562 à 1588, huit prises d'armes se succédèrent sans que la question de la liberté de conscience put faire un seul pas. L'unique résultat qu'obtint la royauté fut de se rendre suspecte aux catholiques sans se concilier les protestants... » — Vte d'Estaintot, *la Ligue en Normandie* (1588-1594), p. 1.

(3) La recherche de Montfaut, commissaire député par arrêt de 1463, mentionne comme personne trouvée noble en l'élection de Caen, un Jean Gondouyn, de Than, sergenterie de Bernières.

Le poète français Gondouin fut l'un des illustres citoyens de Caen, au rapport de Pierre de Cahaignes, en ses *Eloges*. — Huet, *les Origines de Caen*, p. 351.

(4) Ce Thomas le Haguais vendit, le 10 mai 1611, le droit de patronage qu'il possédait sur le collège du Cloutier ou collège d'Enfer, à Caen, au sieur de l'Ecarde.

Sa famille eut une certaine illustration en cette ville où l'on remarque Adrien le Haguais et surtout Augustin le Haguais, avocat général en la Cour des Aides, puis conseiller d'Etat, mort à Paris en 1666. — Huet, *Origines*, p. 279 et 380.

II. Jacques LE RÉVÉREND, maître d'hôtel au Parc, quartier de Vaucelles (1). SECOND DEG

Il est plus connu sous le prénom de *Pasquet* qui prouvait bien qu'il avait embrassé la religion réformée : les idées luthériennes avaient, à cette époque, gagné (2) presque tous les habitants de Caen.

D'Hozier dit que Pasquet le Révérend était un « fameux hostelier de Caen ou quand on veut injurier un hostelier qui fait le preux à l'entendre, on l'appelle Paquet le Révérend. » Il est regrettable que le généalogiste officiel n'ait pas daigné nous apprendre le fait dans lequel notre Révérend fut probablement plus brave en parole qu'en action.

Ce qui nous étonne, c'est que le pamphlet des *Anecdotes de Caen* ne le dit pas davantage : l'auteur n'eût eu garde d'omettre l'anecdote qui fut contée à d'Hozier; il se contente de rappeler « Jacques le Révérend qui avoit le Parc-le-Roy, hostellerie à Vaucelles, faubourg de Caen. »

La généalogie du Cabinet des titres est également muette sur le nom de sa femme; tous ses enfants n'y figurent pas non plus, car il eut :

1° Olivier le Révérend, qui continuera;

2° N... le Révérend, épouse de N... Fontaines (Fontaines : *d'or, à trois écussons de vair bordés de gueules*);

3° N... le Révérend, épouse de N... le Hállès (3) (Le Hallès : *d'azur, à trois trèfles d'or*);

4° Jacques le Révérend, IIe du nom, établi à Paris comme marchand : sa descendance sera rapportée ultérieurement.

III. Olivier LE RÉVÉREND devint seigneur du Parc, sieur et patron de Bougy par

Tableau généalog déjà cité.

TROISIÈME DE
Voy. Haag. La l
protestante, veri
Révérend.

---

(1) Les registres catholiques de cette paroisse ne commencent qu'en 1588. Vaucelles ne faisait pas partie de la ville de Caen : cette localité était même beaucoup plus ancienne. Elle communiquait en 1530 par un pont construit aux frais du duc de Ferrare, alors engagiste du domaine de Caen : il s'appelait le *Pont-Frileux* : il fut démoli en 1825 et remplacé par un autre. — Vaultier, *Hist. de Caen*, p. 237.

(2) Une bulle du pape Clément VII du 17 mai 1525 avait ordonné de poursuivre les luthériens : lorsque François Ier fut fait prisonnier à Pavie, la reine-mère, régente de France, en ordonna l'exécution dans tout le royaume. N'empêche qu'il y avait une église protestante à Caen en 1559 et une autre à Falaise en 1562 : les idées nouvelles avaient fait la traînée de poudre, puisqu'en 1594, il y avait 59 temples réformés en Normandie. — D'après M. Francis Wadington, *le Protestantisme en Normandie*, p. 40, le calvinisme commença dans le pays de Caux par les habitants du quartier de Luneray qui trafiquaient à Genève du temps de Calvin.

Quoique le nom de Pasquier existe dans le *Martyrologe romain* (Voy. Saint-Allais, *Martyrologe*, au 22 février), ce changement de Jacques en Pasquet nous confirme son initiation aux doctrines luthériennes : on sait que les protestants refusaient la doctrine de l'adoration des saints et que « par excès de zèle, dit M. Haag (*la France Protestante*, III-273), ils repoussèrent jusqu'au nom même. »

(3) Jean Hallé, sieur de Mouflaines, fut conseiller au parlement de Rouen en 1606. — *Le parl. de Rouen*, p. 53.

testament de son oncle Guillaume : il est dit encore sieur de Basly dans un acte de baptême du 24 septembre 1600.

Les *Anecdotes de Caen* prétendent qu'il fut « d'abord vallet d'un médecin, ensuite apoticaire et qu'il se fist annoblir en 1588. » Ces indications nous montrent ce qu'il faut croire de ce pamphlet, assez répandu de nos jours à Caen.

Il était un des échevins de Caen et l'une des personnalités en évidence de la réforme dans sa ville natale, lorsque les hasards de la guerre civile lui fournirent l'occasion de faire preuve de résolution et de courage ; l'historien Mézerai nous en a conservé le souvenir dans les termes qui suivent :

Mézerai, *Hist. de France*, éd. in f°, III-1061.

« Puisque nous sommes en Normandie, il y faut recueillir une action qui s'étoit faite à Caen, au commencement de cette année 1593 (1). Cette ville est comme divisée en deux parties par un bras de la rivière d'Orne, l'une au delà et plus proche du Château, l'autre en deçà que l'on nomme l'Ile-Saint-Jean, toutes deux conjointes par un pont qu'à cause de la grand-église qui est voisine, s'appelle le Pont-Saint-Pierre. A ce pont, il y a une porte que l'on ferme du côté de l'Ile-Saint-Jean, et au-dessus est l'Hôtel-de-Ville bâti sur une grande arcade. Pendant l'absence de la Vérunne, gouverneur du chateau, qui étoit allé trouver le roi avec la meilleure partie de la garnison, un capitaine ligueur, nommé La Motte-Corbinière, forma une entreprise sur cette ville, par quelque intelligence qu'il avoit dedans. Son dessein étoit quand il seroit entré par ce moyen dans le quartier de l'Ile-Saint-Jean, d'aller fermer la porte du pont pour se retrancher et se mettre à couvert de la garnison du chateau, puis de se saisir de l'Hôtel-de-Ville et d'y assembler tous ses amis à loisir pour se rendre maître de l'autre partie de la ville et ensuite du chateau. Sur ce projet, il entre dans l'Ile-Saint-Jean avec 70 ou 80 maistres qui font grand bruit ; tous ses amis accourent à luy de tous côtés ; il ne paroit rien d'assez fort pour luy résister et Caen étoit perdu si la résolution et le jugement d'Olivier Le Révérend de Bougy, *gentilhomme du pays*, qui s'y rencontra n'eussent arrêté cette irruption. Il sort courageusement dans la rue, fait avertir ses amis, excite les habitants, et cependant prévoyant bien que les ennemis fermeroient la

---

(1) M. le vicomte d'Estaintot affirme que ce fait d'armes eut lieu le jeudi 12 octobre 1589 et pour preuve, il cite cet extrait des registres secrets du Parlement de Caen, du 12 décembre de cette même année, où il est dit qu'il y eût « grand effroy et crainte de sédition et combat entre les bourgeois serviteurs du roy et les suspects de la Ligue. » Il ajoute que les registres municipaux ne fournissent aucune indication pouvant corroborer l'assertion de Mézerai, tandis que les extraits de ces mêmes registres des 22 octobre 1589 et 6 janvier 1590 en précisent l'époque et les suites.

MM. Haag, dans *la France Protestante, verbo* Révérend, ont adopté la date de 1593 : cette dernière est plus rapprochée des lettres-patentes de septembre 1594 accordées à Olivier le Révérend, et, par ce motif, elle nous paraît préférable : le roi de France devait avoir hâte de récompenser afin de s'attacher davantage les bourgeois de Caen dont les services lui étaient si nécessaires à cette époque troublée. C'était de la bonne et vraie politique.

porte du pont, il envoie un de ses gens clouer promptement une pièce de bois entre les feuillures, de sorte que, lorsqu'ils la veulent fermer, et que plus ils se hâtent, moins ils s'aperçoivent de l'empêchement; il arrive là-dessus avec 13 ou 20 hommes animés par son exemple. Sa vue les étonne et les met en trouble, et comme ils ne peuvent faire joindre la porte, un de ceux qui l'accompagnoient, nommé La Rivière-Renouf, s'étant poussé avec autant d'hardiesse que de courage par l'ouverture pour donner du pistolet dans la tête de La Motte-Corbinière, fait par sa mort évanouir son entreprise et son parti. »

« La ville reconnut mieux la grandeur du péril quand il fut passé, et le roi rendit depuis ce témoignage à Bougy, que sa fidélité *qu'il avoit déjà éprouvée en d'autres occasions,* lui avoit en celle-ci sauvé toute la Basse-Normandie. » Mézerai, *loco citato* p. 1081.

La récompense fut l'octroi de lettres-patentes de septembre 1594 (1) données par le roi Henri IV à « son Amé Ollivier Le Reverend, sieur et patron de Bougy » par lesquelles il annoblit « icelluy Le Réverend et ses *enffans postérité et lignée naiz et a naistre en loial mariage,* » voulant « quen tous actes lieux et endroictz tant en jugement que dehors ilz soient dorénavant tenuz censez et repputez pour nobles et puissent porter le Voy. aux *Pièces justificatives.*

tiltre *descuier* et jouissent de tous honneurs prévilleges franchises libertez et immunitez dont jouissent et ont accoustume jouir les autres nobles de ce Roiaulme, » permettant encore « qu'ils puissent porter partout ou bon leur semblera le titre et armoiries telles quelles sont cy empreintes (2). »

Olivier Le Révérend s'arma dès lors d'un *écartelé* aux 1 et 4 de sinople à trois mouches d'or, aux 2 et 3 de gueules à l'aigle éployée d'argent. Saint-Allais, *Nob. de Normandie,* VI-204 du *Nob. universel.*

Supports : deux levrettes (symbole de la fidélité) colletées de sinople ;

Cimier : un casque surmonté de deux têtes de levrettes de même.

---

(1) Voici deux extraits indicatifs de cet anoblissement : « Lettres d'anoblissement d'Olivier le Révérend, sieur et patron de Bougy, élection de Caen, données à Paris en *décembre* 1594, vérifiées en la Chambre des comptes le 10 février 1595 et en la Cour des aides le 14 mars suivant; au 7e vol. f° 11 : sans finance. » — L'abbé Lebeurier, *Etat des anoblis de Normandie,* n° 168.

« Le Révérend. Olivier le Révérend, sieur de Bougy, anobli pour mérite et services, par charte de septembre 1594, registrée aux comptes le 10 février 1595, sans indemnité, demeurant à Caen, a de fils : *François, Michel* et *Louis.* » — *Registre des anoblis en la généralité de Caen,* Archives nationales, MM 700 bis.

(2) Elles sont en couleur sur le registre d'enregistrement à la Cour des aides de Normandie.

Ces lettres furent expédiées en la Chambre des Comptes de Normandie et enregistrées au registre des chartes du temps « moiennant la somme de trente escus sol paiée par l'impétrant et qui convertie a esté suivant larrest de la dicte chambre de ce jour » 10 février 1595 ; elles furent ensuite enregistrées à la Cour des aides de Normandie le 14 mars suivant.

Il paraît que MM. des Aides avaient fait difficulté pour l'entérinement, parce que ces lettres avaient été premièrement présentées aux Comptes : le roi rendit une nouvelle ordonnance le 5 novembre 1594 qui trancha le conflit de prééminence.

Nous donnerons, aux *Pièces justificatives*, la copie entière de cet anoblissement que nous avons vainement recherché plusieurs fois à Paris dans le fonds des Ordonnances des rois de France : les registres de l'année 1595 ont été perdus dans un incendie. De nouvelles démarches faites par nous en 1872, à Rouen, ont été couronnées de succès grâce au concours du savant archiviste de la Seine-Inférieure, M. de Beaurepaire, qui les a retrouvées au folio 280, verso, du registre de l'année 1594 de la collection des Mémoriaux de la Cour des aides de Normandie.

Nous possédons dans nos archives plusieurs titres originaux sur parchemin concernant Olivier le Révérend.

Titre original du temps. L'un nous apprend qu' « Olivier le Révérend écuier sieur de Bougy » fit hommage le 22 mai 1608 pour sa terre dans le champ Azot à Caen, en présence de Jehan le Court.

Titre original. L'autre est un acte passé devant le Cat et le Semelier, notaires royaux au Châtelet de Paris, à la date du 18 mars 1637, contenant l'obligation envers lui, de Jean Huë, conseiller du roi et contrôleur général en la généralité de Caen, pour plusieurs années d'arrérages de 65 livres d'une rente due par acte du dernier décembre 1609 devant les tabellions de Caen.

Le 24 avril suivant, une sentence de la chambre des requêtes de l'Hôtel du roi condamna Félix, Henriette et Jeanne de Budos, enfants d'Antoine-Ursule de Budos, chevalier des ordres du roi, seigneur marquis de Portes, lieutenant de sa Majesté au pays de Gévaudan et de Louise de Crussol, à les payer au nom du sieur Huë : Augustin le Haguais, écuyer, avocat en la Cour du Parlement, transigea au nom du dit Révérend et reçut comptant 2.000 livres dont 910 pour la constitution de rente et le surplus pour les arrérages.

Mss. de la Bibl. de Caen. Avant son anoblissement, Olivier avait épousé Anne Gondarin, « la fille d'un sergent » prétend le pamphlet des *Anecdotes de Caen*.

Il eût d'elle quatre enfants (1) :

(1) Badier, qui dans le supplément à Lachesnaye des Bois, donne la généalogie d'après un Mémoire fourni par l'abbé Beziers, ne lui en donne que trois : il a omis la fille, Anne le Révérend.

1° François LE RÉVÉREND, né en 1558, « sieur de Calix (1), l'un des capitaines de la ville de Caen, commissionnaire ordinaire des guerres, receveur général du Taillon, et l'un des fondateurs de la chapelle des Deux-Amants (2) aux Cordeliers. » Tabl. gén. déjà cité.

Les archives du Calvados possèdent une supplique toute entière de la main de François le Révérend priant MM. les trésoriers des Finances au bureau de Caen de l'admettre à prêter serment comme receveur général du taillon en la généralité de Caen : cette pièce autographe est sans date, mais d'après les détails qu'elle contient, elle est de toute nécessité imputable à l'année 1616.

Le même dépôt conserve encore trois ordres de recette par lui délivrés, en sa dite qualité, les 6 et 20 février et 16 novembre 1622.

2° Michel LE RÉVÉREND, IIe du nom, né en 1560, qui continuera.

3° Louis LE RÉVÉREND, né en 1562, auteur d'une branche établie à Falaise, lequel viendra en son lieu.

4° Anne LE RÉVÉREND mentionnée comme marraine dans un acte de baptême du 25 février 1596.

Elle épousa le 17 février 1602, noble homme Thomas le Haguais, sieur de Huspuade, valet de chambre ordinaire du roi, contrôleur pour sa Majesté aux grands magasins de sel, receveur du taillon en l'élection de Caen et l'un des capitaines d'icell:.

Olivier Le Révérend, veuf d'Anne Gondarin, convola en secondes noces, avant le 15 mai 1594 (3), avec Julienne de Cahaignes, fille de Jacques de Cahaignes,

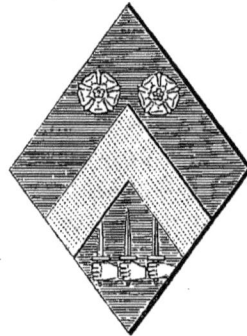

Le Haguais : de gueules, à un dextrochère d'argent sortant d'une nuée de même mouvante à l'angle senestre du chef de l'écu, et tenant une pique d'argent posée en bande et un chef d'azur chargé d'un croissant d'argent accosté de deux fleurs de lis d'or.

Cahaignes ou Cahagnes: d'azur, au chevron d'or, accompagné en chef de deux roses d'argent, et en pointe de trois mains rangées, tenant chacune une épée, le tout du même.

(1) Village près de Caen, aujourd'hui annexé à la ville. — Huet, *Origines*, p. 72. C'est aujourd'hui le faubourg de Saint-Gilles. Le poète Jean Marot paraît originaire de cette paroisse.

(2) Le mot Amants aurait-il effarouché le pudique d'Hozier qu'il est resté en blanc sur le tableau généalogique qu'il a laissé ?

Voici ce qu'en dit l'évêque d'Avranches Huet, *Origines*, p. 230 : « La chapelle des Deux-Amants qui fait un des principaux ornements de cette église (des Cordeliers) fut bâtie et fondée l'an 1619 par Pierre le Marchant, sieur de Saint-Manvieu, et par François le Révérend, sieur de Calix. Ils voulurent qu'elle leur servît de sépulture commune après leur mort. »

François le Révérend, cette fondation l'indique, était catholique.

(3) C'est la première mention du nom de *le Révérend* que nous fournissent les registres de l'église réformée de Caen. Toutes les dates, qui suivront, sont empruntées aux extraits qu'a bien voulu nous communiquer l'érudit protestant, M. Beaujour, comme nous l'avons dit dans notre préface : nous ne répéterons pas cette indication qui surchargerait inutilement notre texte.

professeur royal de médecine et recteur de l'université de Caen (1) : il n'y eût aucun enfant de cette seconde union.

QUATRIÈME DEGRÉ.

IV. Noble homme MICHEL LE RÉVÉREND, IIᵉ du nom, né en 1560, écuyer, sieur de Bougy, est mentionné comme parrain dans cinq actes des registres paroissiaux de Caen des années 1597 à 1605 ; il est dit sieur de Soliers dans un acte de baptême du 21 septembre 1606, et sa femme intervient comme marraine.

Lud. Lalanne, Dictionn. hist. de la France.

C'est à cette époque, le 13 avril 1598, qu'Henri IV signa à Nantes son fameux édit de pacification envers les Protestants : cet édit, qui mettait fin aux guerres de religion du XVIᵉ siècle, se composait de quatre-vingt douze articles patents et cinquante articles secrets. Il proclamait l'amnistie complète, rétablissait l'exercice de la religion catholique dans toutes les localités où il avait été interrompu, accordait la liberté de conscience aux Huguenots, permettait l'exercice public de la religion aux gentilshommes ayant toute justice, à leurs familles et à leurs sujets et vassaux, et de plus dans toutes les villes où il avait été pratiqué en 1596 et 1597 et dans d'autres places désignées dans les conventions de Nérac et de Flers. Il fut enregistré le 2 février 1599 par le parlement de Paris, le 31 mars à la Cour des comptes et le 30 août seulement à la Cour des aides. Il subsista jusqu'en octobre 1685.

Archives départemᵗᵉˢ du Calvados.

Michel le Révérend est dit, dans titre sur parchemin aux Archives du Calvados en date du 26ᵉ jour de février 1640, devant les Tabellions royaux en la ville et banlieue de Caen, Mᵉˢ Delalonde et Chrestien, « échevin de la ville de Caen, écuyer, sieur de Bougy, frère et héritier de noble homme François le Révérend, sieur de Calix, en son vivant conseiller du Roy, receveur général du taillon ancien et triennal en la généralité de Caen. »

S. Beaujour, Essai sur l'église réformée de Caen.

Il fut, dans sa ville natale, l'un des Huguenots le plus en vue. Lorsqu'Henri IV, sollicité par le P. Coton, l'un des membres de l'Ordre des Jésuites, ordonna, en septembre 1607, l'établissement à Caen d'un collège de ces savants Pères, Michel le Révérend, en sa qualité d'échevin, convoqua les officiers du bailliage et les notables

---

(1) Famille de médecins illustrée, à Caen, par Estienne de Cahaignes, professeur à l'Université royale, et par Jacques, fils de Pierre de Cahaignes, auteur des *Eloges des illustres citoyens de Caen*, ami de Scaliger, aux funérailles duquel il fut appelé à Leyde. — *Origines de Caen*, p. 360.

Mʳᵉ Pierre de Cahaignes, greffier au bureau des Finances de Caen, obtint des lettres d'anoblissement d'Henri IV en juin 1593, en conséquence de l'édit du 23 octobre 1592, vérifiées en la Chambre des comptes le 14 août au dit an et ce moyennant 600 livres de finance. — Lebeurier, p. 123.

Suivant le registre des personnes qui se sont trouvées nobles aux neuf élections de la généralité de Caen, Ciprian de Cahaignes, greffier héréditaire du bureau des Finances de Caen, fut anobli par charte de juin 1593. — Arch. nat.; MM. 700 bis.

Jacques de Cahaignes est l'auteur de la tragédie de *Joseph* jouée en 1580 ; il traduisit en 1589 (Caen, in-8°) le traité *de Vino et ponaco* de Paulmier de Grantemesnil, édité un an avant à Paris ; il a, en outre, publié des traités sur le mal vénérien, sur les fièvres et les maladies de tête. — Boisard, *Notices sur les hommes du Calvados*, p. 50.

le 8 février 1608 : dans cette réunion, Thomas le Haguais et lui furent de ceux qui pro-testèrent avec le plus d'énergie contre la cession qu'on voulait les forcer à faire de l'éta-blissement habité par les religieux de Saint-François. Mais les ordres du roi étaient formels, il fallut céder et recevoir les Jésuites. Une seconde convocation eût lieu : cette fois, elle comprenait plus de 3,000 personnes de toutes les classes de la société : il faut remarquer qu'à cette époque les protestants formaient alors le tiers de la population totale de la ville et qu'ils y vivaient en paix avec les autres habitants. On décida qu'on députerait au roi trois notables pour le supplier de délivrer la ville du nouvel établissement. Ces trois députés furent :

Grégoire de la Serre, avocat pour le roi au bailliage et siége présidial de Caen ;

Jehan Vaultier, sieur de la Hogue, l'un des échevins de la ville ;

Et Michel le Révérend, sieur de Bougy.

Leur mission, naturellement, échoua ; il y avait parti pris. De nouvelles lettres-patentes, datées du 6 décembre 1608, ordonnèrent de recevoir les Jésuites. Les Pères prirent possession du Collége du Mont et restèrent à Caen jusqu'en 1764, époque de l'expulsion générale de l'Ordre.

Michel le Révérend demeura dans les finances jusqu'à l'âge de 70 à 72 ans qu'il désigna son fils aîné Thomas pour le remplacer dans son office de receveur général du taillon ancien et triennal en la généralité.

Il s'était marié le 18 mai 1597, en l'église réformée de Caen, avec Judith le Gabilleur, fille de Thomas le Gabilleur, sieur du Fresne (1) et de feue Anne le Bour-goys (2), sa femme (Blanche de Bomxérin d'après d'Hozier).

Judith le Gabilleur est mentionnée comme marraine dans quatre actes de baptême du 23 novembre 1597 au 2 fé-vrier 1603.

Michel le Révérend mourut le 20 septembre 1646 et Judith le Gabilleur décéda le 23 décembre 1652, ils avaient eu, de leur union, seize enfants, comme l'a observé Moréri ; ce sont :

Roussel dit le Gabil-leur : *d'argent au lion de gueules couronné, armé et lampassé d'or.*

(1) D'Hozier le dit sieur de la Commune.

Le nom paraît être Roussel : du moins, on trouve en 1562, Jacques Roussel *dit le Gabilleur*, maître d'armes à Caen comme l'indiquent les registres paroissiaux de 1563 à 1568.

Le Gabilleur, sieur de la Cour, est mentionné parmi les notables assemblés en l'hôtel de Ville le 8 avril 1562, lorsque Filhet de la Curée y apporta, de la part de Catherine de Médicis, l'édit d'Amboise du 19 mars précédent. — Beaujour, l'*Eglise réformée de Caen*, p. 65.

(2) Nous pensons qu'il faut lire Bourgeois. Jacques le Bourgeois, sieur de Beneauville, était conseiller au bailliage de Caen ; son fils Jean-Louis le Bourgeois, sieur de Torp, est loué par Huet (*Origines*, p. 378) pour son éloquence ; il était échevin en 1655. Il mourut en 1662.

Néel : *d'azur au soleil d'or, accompagné en chef de trois étoiles de même et en pointe d'un croissant d'argent.*

1º Anne le Révérend, IIe du nom, baptisée le 14 mars 1599 ; son *oncle*, Louis le Révérend, écuyer (d'Hozier l'a omis dans sa généalogie), fut son parrain et Anne le Gabilleur fut sa marraine. (Cette Anne, sœur de Judith, était veuve de Jean-Baptiste du Vivier, en son vivant écuyer, sieur de Saint-Ouen.)

Anne épousa Michel Néel (1), écuyer, sieur du Manoir, greffier au bureau des Trésoriers de Caen, et eût :

A. Judith Néel, née le 22 septembre 1624, inhumée le 22 octobre 1676 ;

B et C. Deux jumeaux baptisés le 8 juillet 1629 : parmi les parrains, noble homme Michel le Révérend, sieur de Bougy ;

D. Un fils inhumé en janvier 1630 ;

E. Une autre fille baptisée le 8 janvier 1632 : elle était née en 1631 ;

F. Un fils baptisé le 10 juin 1632 : parrain Jean Néel, sieur de la Bouillonnière, avocat ; marraine, Judith le Gabilleur ;

G. Jeanne Néel, inhumée le 25 novembre 1684, âgée de 50 ans ;

H. Jean Néel, inhumé le 25 novembre 1634 ;

I. Un autre fils baptisé le 7 janvier 1635 : parrain noble homme Michel le Révérend, sieur de Bougy, aïeul ;

J. Michel Néel, baptisé le 7 janvier 1637, marié vers 1670 avec la fille du célèbre ministre protestant Pierre du Bosc, de Bayeux, et de Marie Moysant, de Caen.

Voy. Beaujour, *loco citato*, p. 563.

Ils se réfugièrent à l'étranger lors de la révocation de l'édit de Nantes, laissant fermée leur maison de Caen qu'ils avaient eu soin de démeubler avant leur départ. On logea, à l'Aigle d'or, deux officiers, aux frais des fugitifs, qui le 19 janvier 1686, avaient une carte à payer de 900 livres. La terre de la Bouillonnière, à Verson, ne fut pas plus épargnée ; elle servit de logement à des cavaliers qui, en partant, la dévalisèrent.

Collection Lechaudé d'Anisy. Bibl. nat.; supplément français, 5265.

Mme de Tilly-Saint-Contest, retirée en Hollande à la révocation (1686), écrivait le 24 mars 1698 d'Utrecht, lieu de son exil, à Huet, évêque d'Avranches :

« Pour ce qui est de M. de la Bouillonnière, dont vous me demandez des nouvelles, il mourut de la petite vérole, il y a six mois ; il ne fut que huit jours malade. C'était un excellent homme. Il était voluptueux en France et aimait ses aises ; il avait tout quitté pour venir en Hollande, vivre de la plus chétive vie dont on a jamais vécu.

---

(1) Gilles Néel, sieur du Manoer (*sic*), demeurant en la vicomté de Valognes, fut anobli par lettres données au bois de Vincennes en may 1574, vérifiées en la Chambre des comptes le 21 janvier 1577 et à la Cour des aides le 17 juin au dit an ; du 7e vol., fo 409 ; finance, 1.000 livres. — Lebeurier, p. 9.

De sa descendance fut Guillaume Néel, né à Rouen dans le XVIe siècle, moine augustin qui embrassa avec ferveur le protestantisme et, ayant refusé d'abjurer, fut brûlé vif sur un bucher élevé sur l'une des places d'Evreux.

Il s'était fait correcteur de lettres pour subsister, cette correction lui valait 350 livres de rente, mais il fallait qu'il travaillât à cœur crevé; il ne lui restait pas un moment de temps pour voir ses amis. Il a laissé une veuve et trois enfants. »

2° Thomas le Révérend, baptisé le 24 septembre 1600 : parrain son aïeul Olivier le Révérend, sieur de Basly et de Bougy, père de Michel le Révérend.

« La nature avait donné à Thomas le Révérend, sieur de Bougy, un extérieur assez désagréable, un grand visage d'une physionomie peu heureuse, sur un fort petit corps; l'humeur rude, brusque, hargneuse, qui lui avait attiré la haine de ses proches; mais l'esprit beau, vif et délicieux, lorsqu'il étoit animé par quelque compagnie qui luy plaisoit. Il se fit recevoir avocat à Paris et y fréquenta le barreau; mais le partage des biens de famille l'ayant appelé à Caen, il eût de grands demêlez avec ses parents. Il passa à Caen le reste de sa vie dans une grande oisiveté, le jeu faisant sa principale occupation et son unique divertissement. Il mourut le 20 mai 1672, âgé de 61 ans.

« Thomas le Révérend cultivait les lettres; il avait traduit et publié, dès l'âge de 12 ans, le *Dialogue de Minutius Félix* (1), ayant pour titre *Octavius*, Caen, Jacques le Bas, 1617, in-12. »

Il existe aux Archives du Calvados deux pièces importantes sur sa personne : l'une est un acte en parchemin auquel est appendu un grand sceau en cire jaune aux armes de France, l'écu portant *trois fleurs de lys 2 et 1*, sous la date à Caen du 27e jour de février 1640, qui est la commission donnée par le roi au dit Thomas le Révérend de l'office de receveur général appartenant à la famille; l'autre, annexée à la première par le sceau susdit, est un titre en parchemin du 26 février 1640.

Le mémoire de l'abbé Béziers, qui fut imprimé par Badier et dont nous possédons l'original dans nos archives, nous apprend que Thomas le Révérend fut maintenu en 1666 par M. de Chamillart dans sa noblesse d'extraction.

3° François le Révérend, IIe du nom, né en 1602, sieur de la Comté, mort en Hollande en portant les armes.

4° Judith le Révérend, baptisée le 21 août 1604 : son parrain fut noble homme François le Révérend, son oncle. Elle mourut fille le 14 juin 1639.

5° Marie le Révérend, baptisée le 5 février 1606 : parrain François Malherbe,

Huet, *Origines*, p. 388.
Reg. prot. de Caen.
Mss. de l'Arsenal,
n° 754.

---

(1) Célèbre orateur latin, né en Afrique sur la fin du IIe ou au commencement du IIIe siècle, s'établit à Rome où il se convertit au christianisme. Dans le dialogue d'Octavius, un chrétien de ce nom et un païen disputent ensemble. Cet ouvrage a été en outre traduit par Perrot d'Ablancourt, Paris, 1660, et par M. Antoine Péricaud, Lyon, 1825. — Lebreton, *Biog. normande*, p. 320.

nôble homme, sieur de Digny (1), père de l'illustre poète Caenais que nous avons cité au début de ces Mémoires.

Le Picard : *d'argent au lion coupé de gueules et de sinople s'appuyant sur un arbre arraché du second émail.*

Elle épousa Thomas le Picard (2), écuyer, conseiller du roi au siège présidial de Caen : son mari la précéda dans la tombe le 1er janvier 1668, car elle ne mourut que le 18 janvier 1669 ayant eu :

K. Michel le Picard, baptisé le 5 décembre 1630, écuyer, sieur de Boisyon, qui devint maréchal de bataille des armées du roi et fut marié, le 14 mai 1662, à Mauricette de Jouan : d'où postérité.

Le Duc : *d'azur au duc d'or perché sur une branche d'olivier de même.*

L. Marguerite le Picard, baptisée le 8 janvier 1632, mariée, le 11 mars 1663, à Gabriel le Duc, écuyer, sieur de la Falaise.

Ils eurent un fils, le 1er septembre 1667, duquel fut parrain Louis Mesnage (3), écuyer, sieur de Cagny.

---

(1) Il était noble d'ancienne race et issu de la famille de Malherbe de Saint-Aignan en Normandie qui remonte à un seigneur danois compagnon des travaux de Rollon, duc de Normandie ; c'était le plus jeune des trois fils de Guillaume de Malherbe, seigneur de Missy et d'Arry, et de Marie d'Elbeuf : il était conseiller au bailliage et présidial de Caen. Il avait embrassé la religion réformée et mourut au commencement de juin 1606.

De Louise Le Vallois qu'il avait épousé le 13 juillet 1554, il eut :

1° François qui suit :
2° Pierre Malherbe, baptisé le 9 octobre 1561 ;
3° Josias Malherbe, le 15 décembre 1562 ;
4° Marie Malherbe, baptisée le 27 décembre 1566 ;
5° Jeanne Malherbe, le 9 mars 1568;
6° Eléazar Malherbe, cité par La Chesnaye comme ayant continué.

François Malherbe, né à Caen en 1555, écuyer du roi et gentilhomme de sa chambre, sieur de **Digny**, fut regardé comme le prince des poètes français : Boileau l'a immortalisé par ses vers :

Enfin Malherbe vint...

Ménage nous apprend que le chagrin qu'il eut de voir son père se faire protestant, lui fit quitter le pays à l'âge de 17 ans.

Il épousa en Provence Madeleine de Coriolis, déjà veuve deux fois, et, outre deux enfants prédécédés, il eut Marc-Antoine Malherbe qui fut tué en duel, en 1627, par le vicomte de Piles.

François Malherbe fut comblé des faveurs de Henri IV ; ayant vécu sous six rois, de Henri II à Louis XIII, il mourut à Paris le 16 octobre 1628 et fut à juste titre regardé comme le créateur de la vraie poésie française. Il mourut à Paris le 16 octobre 1628.

Armes : d'argent semé d'hermines de sable.

(2) Le lieutenant criminel Le Picard assistait le 12 août 1562, à l'Hôtel de Ville de Caen, à la réception des commissaires du Parlement de Paris chargés d'apporter l'édit d'Amboise.

Notre Thomas Le Picard est rapporté par Huet, *Origines*, p. 247, comme propriétaire d'un terrain dit la Carrière, où les protestants se réunissaient en foule pour pratiquer leurs exercices religieux.

(3) Cette famille est originaire de Normandie. diocèse de Bayeux : elle fut maintenue en 1666.

Elle est connue depuis Jacques Mesnage, écuyer, sieur de Cagny, avocat, puis ambassadeur près Charles-Quint en 1545, puis en Allemagne, en Angleterre et en Suisse, distingué par son éloquence

M. Anne le Picard, baptisée le 13 janvier 1633, épouse le 19 décembre 1655 de Jacques le Duc, écuyer, sieur de la Suhardière, fils aîné de Charles le Duc, écuyer, sieur du Mesnil-Do et de demoiselle Judith de Saint-Romans.

Nous avons retrouvé, dans nos archives, ce contrat de mariage reçu Chrétien et de la Porte, notaires à Caen. Parmi les parents qui y assistèrent, citons messire Jacques de Montgommery, seigneur et comte de Lorges, Raoul Anthoine du Vivier, écuier, sieur de Beaumont; Thomas le Haguais, écuyer; Jacques Durand, écuyer, conseiller du roy, maître des Eaux et Forêts au Pont-Audemer, etc.

Nous ne leur connaissons qu'une fille, qui fut baptisée en l'église réformée de Caen le 22 août 1634 : marraine, la dame de Barberie.

Barberie : *d'azur, à 3 têtes d'aigle d'or.*

6° Jeanne le Révérend, baptisée le 24 avril 1611 devant l'église réformée : elle fut marraine le 16 avril 1628. Ses alliances furent : 1° le 6 mai 1632 avec noble homme Thomas ou Thobie Barberie de Saint-Contest (1), écuyer, seigneur de Saint-Contest, Flagny et autres lieux, conseiller du roi et trésorier pour l'extraordinaire des guerres; il mourut le 11 janvier 1641 ayant eu :

N. Une fille (Marie Barberié), baptisée le 16 juin 1633 : marraine, Judith le Gabilleur, femme de Michel le Révérend, qui épousa Louis Mesnage, sieur de Cagny (voy. la note de cette famille).

O. Une autre fille (Lucresse Barberie), baptisée le 27 décembre 1634 : parrain Jean Néel, sieur de la Bouillonnière; marraine Anne le Révérend, femme

---

et sa profonde connaissance du droit. Il était conseiller au Parlement de Rouen en 1549 et mourut en 1551.

Il fut l'époux de Marie Croisemare de Saint-Just et eût, entr'autres enfants : Louis Mesnage, sieur de Cagny, marié à Marie Barberie de Saint-Contest, fille de Thobie et de Jeanne le Révérend : Louis fut inhumé le 28 décembre 1678.

Ses enfants furent :
  1° Marie Mesnage, mariée au commencement de février 1672 à Philippe de Héricy, sieur d'Estraham, d'où postérité.
  2° Lucresse Mesnage, baptisée le 25 juillet 1662.
  3° Gédéon Mesnage, sieur de Cagny et de Couvert, qui en août 1681, prit pour femme Suzanne de Montginot; il fut obligé de s'expatrier pour cause de religion et fut tué au combat de Limerick en 1691. Il avait eu :
    François Mesnage, baptisé le 26 septembre 1683.
    Marie-Madeleine Mesnage, baptisée le 3 septembre 1684.

Cette famille est distincte de celle qui a produit Gilles Mesnage, bel esprit, connu principalement par *les Menagiana,* publiés en 1693 par ses amis : il naquit à Angers en 1613.

(1) La Chesnaye donne la généalogie, mais il ne la commence qu'à Dominique-Claude Barberie, seigneur de Saint-Contest, ministre plénipotentiaire au traité de Bade le 7 septembre 1714.

4

de Michel Néel, sieur du Manoir. Elle fut l'objet d'une cruelle persécution pour sa religion en 1685 et 1686 (*Hist. de l'édit de Nantes*).

P. Michel Barberie de Saint-Contest, baptisé le 21 novembre 1638 : parrain, Michel le Révérend de Bougy.

Montgommery : écartelé, au 1 et 4 de gueules, à 3 coquilles d'or ; aux 2 et 3 de France.

Et 2° avec Jacques II de Montgommery, fils de Gabriel, comte de Montgommery (1) et de Suzanne de Boucquetot, dame de Breul.

Nous ne pensons pas qu'ils aient eu d'enfant : Marie le Révérend était morte en 1651.

7° Françoise le Révérend, baptisée le 29 janvier 1615, inhumée le 28 mars suivant.

8° Jean le Révérend *l'aîné*, baptisé le 18 décembre 1616, mort jeune.

D'Hozier, Tableau généalogique.

9° Michel le Révérend, III° du nom, né en 1617, qualifié sieur de Calix « qui est M. l'abbé de Bougy. »

Il est mentionné avec son frère Jean le Révérend de Bougy, *le jeune* (il viendra ci-après), écuyer, sieur de Bougy, maréchal des camps et armées de Sa M., logés rue Saint-Honoré, paroisse Saint-Eustache à Paris, comme propriétaires des offices de receveurs généraux du taillon ancien et triennal en la généralité de Caen ; ils donnent pouvoir de présenter, à MM. les trésoriers de France, au bureau des finances à Caen, la personne de Jean-Baptiste Huë, greffier et secrétaire de l'Hôtel de Ville, pour faire exercer la commission ès dits offices de receveur général du taillon en la généralité de Caen.

Nous possédons un exemplaire original de son portrait gravé par Edelinck avec, au-dessous, la légende suivante qui atteste combien fut grand son attachement à la religion catholique :

« MICHEL RÉVÉREND DE BOUGY,

« Prêtre, Docteur de Sorbonne, Abbé de Saint-Urbain, Ordre de Saint-Benoist, Congrégation de Saint-Vanne et de Saint-Hydulphe, Diocèse de Châlon en Champagne, Conseiller d'Etat, Proviseur, bienfecteur, restaurateur et illustre défenseur de la congrégation des prêtres du Calvaire du Mont Valérien, où il décéda le 27 janvier 1681, et fut inhumé le 28.

---

(1) Jacques de Montgommery habitait Pontorson ; sa branche s'est éteinte en la personne de Jean, son fils, marquis de Montgommery, maréchal de camp des armées du roi, qui vendit en 1719 ses biens de Pontorson à Jean Oursin.

La filiation complète de cette illustre famille, originaire d'Ecosse, s'établit depuis Roger, vivant en 950 : un rameau subsiste toujours près de Paris, à Montmorency.

Sa forteresse fut le château de Vignats près Falaise : elle fut rasée dans le XVI° siècle, après la mort du dernier représentant de la branche aînée qui fut pris dans le château de Domfront.

Voy. Amédée Boudin, *Hist. généal. des Croisades*, I-114, et tous les ouvrages de généalogies ; et encore Tisseron, *Annales historiques*.

« Gravé en 1742 par les soins de J.-B. Héron, de la ville d'Eu, par P. Dupin, d'après son portrait original peint en 1675 par A. C., le dit sieur de Bougy étant alors âgé de 64 ans. »

Cette gravure figure au titre de ce livre, reproduite par l'un de nos meilleurs artistes parisiens, M. Darodes.

10° Jean le Révérend, dit *le jeune*, II° du nom, né en 1618 : c'est lui qui continuera la branche aînée des Révérend de Bougy.

11° Elisabeth le Révérend, née en mars 1622, restée fille : inhumée le 26 septembre 1671.

12° Jacques le Révérend, III° du nom, baptisé le 7 mai 1623.

13° Charlotte le Révérend, mentionnée dans un acte de baptême du 11 janvier 1680 et dans celui de Henry le Révérend, son petit neveu, du 7 novembre 1683.

14° Françoise le Révérend « morte fort accomplie et savante. »

15° Lucresse le Révérend, inhumée le 3 février 1631.

16° Anne le Révérend, II° du nom, baptisée le 5 juin 1619, mariée le 15 février 1643 à Paul Antoine du Vivier, écuyer, sieur de Beaumont. Elle est mentionnée comme marraine en 1675 de François le Loup, fils de Cyrus Eléonor le Loup, sieur de Limaresq et de Marie Anne du Vivier.

Du Vivier : *d'azur, à 5 épées d'argent la pointe en bas, 3 et 2.*

Du mariage de Paul Antoine du Vivier avec Anne le Révérend naquit entre autres enfants (1) :

Anne Elisabeth du Vivier, laquelle le 19 mai 1680 épousa Henri Huë de Carpiquet, seigneur et patron de Sainte-Croix-sur-la-Mer et de feue noble dame Suzanne Marthe de Billonz, ils eurent :

Huë de Carpiquet : *d'azur, à la fasce d'argent, accompagnée en chef de 3 étoiles rangées d'or, et en pointe de 3 croissants du même, posés 2 et 1.*

1° Gabriel Henri Guillaume Huë de Carpiquet, chevalier, *seigneur et patron de Bougy, marquis de Bougy*, seigneur des fiefs de Troismonts, *la Comté*, Aubert, Eguillon et autres lieux, marié *au Désert* (2), le 7 octobre 1772, avec Marie-Anne de Brossard de Grosmesnil.

Lorsque l'on fit le 5 février 1789 devant l'officier de l'état civil chargé à Caen de la réception des déclarations prescrites par l'édit royal de novembre 1787, ils déclarèrent six enfants, savoir quatre fils et deux filles.

2° Léonard Antoine Huë de Carpiquet, *comte* de Blagny, chevalier, seigneur, patron haut justicier de Cantelou, suzerain de Cremonville et de Cantelou en Croisson-

---

(1) Protestant détenu en 1688 à la Conciergerie, Pierre du Vivier, sieur de Ruel (*Arch. gén.*, T. 261). — Il fut condamné aux galères par jugement du lieutenant criminel de Valognes pour crime de relaps.

(2) Après la révocation de l'édit de Nantes, les protestants plutôt que de se marier devant l'Eglise romaine qui ne confère ce sacrement qu'à des conditions comportant adhésion plus ou moins complète au catholicisme, s'abstinrent de consécration religieuse : de là, l'expression se marier *au Désert* lorsqu'on se contentait des formalités légales.

ville, ancien mousquetaire de la garde du roi, originaire de la ville d'Alençon, marié au Désert le 15 juin 1773 avec Félicité de Lestache.

De cette union naquirent :

 A. Charles Henri Huë de Carpiquet, comte de Blagny, né le 20 septembre 1780.

 B et C. Deux filles,

  Soit trois enfants d'après la déclaration faite le 13 janvier 1789.

V. JEAN LE RÉVÉREND, *le jeune*, IIe du nom, baptisé le 18 décembre 1616.

Il commença dès sa plus tendre jeunesse à porter les armes et il passa par tous les grades : simple soldat au régiment des gardes, il devint successivement cornette, capitaine de chevau-légers, maître de camp et enfin lieutenant-général des armées. Il assista en Lorraine, en Allemagne, dans les Flandres, en Italie et en France aux plus remarquables combats et prit part à un grand nombre de siéges, par exemple à ceux de Pisamberg, Boulas, Crusnak, Binguen, Landrécy, Château-Cambrésis, Maubeuge, Aire, Lislers, la Bassée, Bapaume, Gravelines, Bourbourg, Mardik, Mont-Cassel, Béthune, Armentières, Mevrin, la Mote-aux-Bois, Commines, Saint-Venant, Lens, Courtray, Bergues, Dunkerque, Crémone, Cambray et Rethel, puis à Château-Porcien où il commanda en chef; à la prise de cette place, il fut nommé gouverneur. Il accompagna et aida puissamment le maréchal de Gassion (1) dans ses plus belles affaires, entr'autres à la bataille de Rocroy où, commandant la compagnie des gendarmes du maréchal, il fut blessé d'un coup de mousquet qui lui fracassa le pied : ce qui ne l'empêcha pas d'entrer dans un bataillon des ennemis où il eut un cheval tué sous lui de coups de pique et d'épée.

Nous avons retrouvé dans nos archives trois quittances sur parchemin datées des 20 mai, 29 juillet et 1er décembre 1644 préparées par Jean le Révérend, seigneur de Bougy, lieutenant de la compagnie de cent hommes d'armes des ordonnances du roi sous la charge de monsieur le maréchal de Gassion, au trésorier payeur des gendarmes de France pour les soldes des troupes : elles sont signées *Bougy*.

Le maréchal de Gassion, en mourant en 1647, avait laissé son épée au marquis de Bougy, alors maréchal de bataille, lui disant qu'il le croyait l'homme de France le plus digne de la porter après lui. Le régiment du maréchal fut partagé entre son cousin M. de Gassion et le marquis de Bougy.

---

(1) Moréri dit qu' « il fut cornette des gendarmes du maréchal de Gassion qui conçut pour lui tant d'amitié et tant d'estime, que cela seul peut nous convaincre de sa bravoure et de ses autres vertus militaires. Il ne manqua point de reconnaissance ; il embrassa les intérêts de ce maréchal avec tant d'ardeur que le cardinal Mazarin ne l'en put jamais détacher. Son Eminence le pressait fort là-dessus, lorsqu'il allait à la Cour, pour raccommoder ce que les manières trop vives et trop hardies du maréchal avaient gâté ; elle réussit beaucoup mieux à s'acquérir M. de Bougy après la mort de Gassion... »

Jean le Révérend fut employé comme ambassadeur par le roi et envoyé auprès du duc de Modène en 1648 pour contracter avec lui une alliance offensive et défensive.

En 1650, il servît très brillamment en Picardie où il se jeta dans la ville de Saint-Quentin avec 500 chevaux, et, par ce moyen, dégagea cette ville en danger de tomber aux mains des Espagnols.

Au siége de Guise, il eût l'idée de poster 1,200 mousquetaires dans les bois pour couper les vivres des assiégeants, et, par la manière dont il remplit ce fait d'armes, il fit lever le siége.

Tant de succès lui valurent l'honneur de commander en chef les troupes qui demeuraient auprès du roi. Il exécuta avec succès le passage de la Loire à La Charité, entra dans le Berry et fit évacuer la ville de Bourges où Sa Majesté fit quelques jours après son entrée solennelle.

Il gagna de là Mouron, puis la Guyenne où, avec 500 chevaux, il passa, sous le feu de l'ennemi qui ne comptait pas moins de 4,000 chevaux et 5,000 hommes de pied, la rivière de Née en Saintonge ainsi qu'une vaste étendue de marais au-delà, enleva deux quartiers et ramena 500 prisonniers, officiers ou soldats; puis avec 300 hommes, il emporta de nuit le mas d'Agenois défendu par une garnison de 400 hommes, battit l'ennemi à la retraite de Saint-Andras et fut enfin, étant lieutenant général, fait prisonnier en 1653.

Il avait reçu dans quelques-unes de ces affaires un fort grand nombre de blessures, notamment cinq coups de mousquet qui lui laissèrent de glorieuses cicatrices.

Rentré en France sur parole, il retourna en Guyenne; mais au mois d'août, il reçut l'ordre de mener ses troupes en Flandre. En 1654, il fut employé en Catalogne à la prise de Villefranche, au ravitaillement de Rosès, au siége de Puycerda, à la prise du cap de Quiers où il fut de nouveau blessé, à celles de Castillon et de Cadagne. Surpris par la neige, au milieu des montagnes, pendant son sommeil, il fut attaqué d'une fluxion de poitrine qui l'obligea à se rendre à Montpellier pour s'y faire traiter. N'y ayant pas trouvé le soulagement qu'il espérait, pas plus qu'à Bordeaux, il se retira en sa maison de Calonges où il mourut en décembre 1657, âgé de 40 ans. Il fut généralement regretté de tout le monde : le roi, la reine et le cardinal Mazarin firent l'honneur à sa veuve de lui écrire des lettres de consolation.

Moréri lui a consacré un long article enrichi par Bayle de notes historiques que nous ne pouvons reproduire ici; le savant biographe assure avec raison qu' « il auroit fait une plus grande fortune s'il avoit été catholique. La reine et le cardinal Mazarin lui avoient écrit pour l'exhorter à changer de religion et lever par là l'obstacle à son avancement et pour lui offrir le bâton de maréchal ou un gouvernement à son choix, pourvu qu'il se convertît. Sa réponse fut que s'il pouvoit se résoudre à trahir son Dieu pour un bâton de maréchal de France, il pourroit trahir son roi pour beaucoup moins et qu'il étoît incapable de l'un et de l'autre, se contentant de voir qu'on étoit satisfait de ses services et que la religion seule empêchait qu'il en reçut là récompense. »

Le roi avait érigé en *marquisat* la seigneurie de Bougy en Basse-Normandie, mais, comme c'est une terre qui relevait de plusieurs seigneurs féodaux, on forma tant d'oppositions à l'enregistrement des lettres-patentes qu'elles n'eurent aucun effet : son fils Jean-Jacques le Révérend, qui viendra après, se borna toujours à se dire *sieur de Bougy*.

Babaud : *d'or, au chêne de sinople terrassé de même.*

Jean le Révérend, chevalier, seigneur et marquis de Bougy, conseiller du roi en ses conseils d'Etat, lieutenant général de ses armées fit publier à Caen, les 11, 18 et 25 janvier 1654, les bans de son mariage avec Marie de la Chaussade, sixième fille de Jacques de la Chaussade, baron de Calonge, Taru, Albert et autres places, en son vivant maréchal des camps et armées de Sa M. et maître de camp d'un régiment d'infanterie et de feue noble dame Marie de Viçose : Marie de la Chaussade lui apporta la terre de Calonge en la paroisse de ce nom, aujourd'hui du canton de Mas (Lot-et-Garonne).

Il mourut en 1658, âgé de 40 ans, n'ayant eu d'elle que le fils qui suit :

VI. JEAN-JACQUES LE RÉVÉREND, né en 1650, sieur de Bougy.

Il n'avait que dix-sept ans quand Mlle Judith de la Chaussade de Calonge, sa tante et tutrice, présenta une supplique au roi pour le prier de « transporter à la terre de Callonges qui luy estoit échue par le deceds de damoiselle Marie de la Chaussade de Callonges, sa mère, le titre, dignité et prééminence de marquisat que celle de Bougy n'a pu porter, » — nous avons déjà indiqué pourquoi, — sur celle de Callonges qui relevait de sa M. à cause de son duché de Guyenne : par lettres-patentes données à Paris en novembre 1667, le roi accorda l'érection en marquisat de la terre de Callonges, « pour en jouir et user à l'advenir par ledit Jean-Jacques de Bougy, fils de feu sieur Jean de Bougy et petit-fils et unique héritier de feu sieur Jacques de la Chaussade, baron du dit Callonges, et par *ses successeurs masles en loyal mariage au dit tiltre et dignité de marquisat...*, à charge au dit marquis de Callonges et ses successeurs de tenir et de relever le dit marquisat de Nous et de Nostre couronne à seulle foy et hommage à cause de nostre duché de Guyenne. » Il y fut encore ajouté cette clause qu' « au cas de deffaut de descendans masles, la dite terre de Callonges retourneroit en son premier état et tiltre comme elle estoit avant ces présentes... »

Ces lettres furent enregistrées en la Chambre des Comptes le 9 septembre 1669.

Le sieur de Bougy avait son chemin tracé à la suite de son père : il prit la carrière des armes. Il devint brigadier des armées du roi et resta neuf ans maître de camp du régiment-colonel et fut commandant de la cornette blanche. Nous n'avons malheureusement pas la notice de ses services, qui ne purent égaler ceux du père.

C'était l'époque où les suggestions du clergé catholique et les propres désirs du roi, qui retirait insensiblement sa faveur à Colbert, poussaient Louis XIV sur cette pente fatale qui l'amena le 16 octobre 1685 à révoquer ce fameux édit de Nantes, promulgué par Henri IV le 13 avril 1598, confirmé et juré par Louis XIII en juillet 1629 (1). Cette rétractation fut un acte des plus impolitiques et porta à la civilisation de la France le coup le plus terrible qu'elle ait eu à souffrir. Alors commença, contre les protestants, — il y en avait à cette époque environ 180,000 en Normandie, — en suite d'une persécution impitoyable et aveugle, une série d'iniquités et de violences sans exemple dans l'histoire.

« Spoliations, exils, emprisonnements, décrets de proscription et de mort, rapt des enfants, rien ne manqua à la lugubre série d'ordonnances royales qui suivirent. Si les protestants restaient en France et ne se convertissaient pas, ils étaient passibles des galères perpétuelles; s'ils prenaient la fuite, ils étaient arrêtés, ils étaient passibles de mort. Dans les deux cas leurs biens étaient confisqués. » Une déclaration du 20 août 1685 assurait moitié de ces biens aux dénonciateurs dans les pays soumis à cette pénalité. Une foule de protestants de tout âge et de tout sexe furent livrés, en même temps, à la discrétion des moines et des religieux pour être instruits par force des dogmes de l'Eglise romaine (2), mais le plus grand nombre émigra en Angleterre, en Hollande, en Danemark, en Allemagne, où les réfugiés reçurent l'accueil le plus hospitalier et transportèrent la plus grande partie de notre industrie nationale.

AUBINEAU, Sur la révocation de l'Edit de Nantes. — Voy. surtout BEAUJOUR, loco citato, p. 342 et suivantes.

VAULTIER, Hist. de Caen, p. 142.

« La plupart des marchands de Caen, dit le rapport de l'intendant Foucauld, étant religionnaires, ont quitté le royaume; ceux qui y sont restés sont passés à Paris ou à Rouen, et le commerce est à présent peu de chose à Caen. »

Jean-Jacques le Révérend, depuis le mariage de son père en Guyenne, habitait le Quercy, plus en sûreté dans le Midi, où le protestantisme avait toujours été plus fort

---

(1) « L'édit de Nantes, a dit le P. Lacordaire, fut pendant un siècle l'honneur de la France et le principe fécond de l'élévation intellectuelle et morale de son Eglise... Louis XIV, dans toute sa gloire, révoquant l'édit de Nantes, a déshonoré son règne, préparé le xviiie siècle et là ruine de sa maison. Il y a des points dans l'histoire des peuples qu'on ne doit plus remuer ; l'édit de Nantes en était un... »

Le grand orateur chrétien posait cette double appréciation à une époque où « résumant les pensées principales de sa vie et en possession déjà de ces lumières désintéressées qui accompagnent les approches de la mort. » — Lettre de M. de Falloux du 18 septembre 1878.

(2) Dans la maison des Nouvelles-Catholiques de Saint-Lô furent enfermés, notamment, le fils de M. du Vivier, écuyer, et chez les Jésuites de Caen, le fils de M. de Cahaignes. — F. Wadington, Le Protestantisme en Normandie, p. 9.

Voy. aux *Pièces justificatives* les lettres de Marquisat.

pour résister aux attaques des catholiques. Il ne put, malgré les services éminents de son père et de son beau-père le marquis de Callonges, éviter d'être en 1685 décrété de prise de corps sur la plainte de l'évêque de Condom.

Sourchès raconte, dans ses *Mémoires*, qu'il essaya en février 1686 de sortir du royaume par la Franche-Comté, mais qu'il fut arrêté sur la frontière Suisse et enfermé dans la citadelle de Besançon. Il refusa de se convertir et le roi ordonna de lui faire son procès : pour échapper aux galères, il signa une abjuration et fut pardonné, mais en 1693, sous prétexte d'aller prendre les eaux à Aix-la-Chapelle, il passa en Hollande. Le roi donna l'ordre à Foucault de saisir la terre de Bougy.

Cette même année cependant d'Hozier avait enregistré au f° 1009 du registre de l'armorial général de France, généralité de Montauban, les armoiries ci-après :

Jean-Jacques Révérend de Bougy, marquis de Calonges, et Elisabeth Bar de Campernault, son épouse, portent *écartelé aux premier et quatrième et contr'écartelé, aux premier et quatrième de sinople à trois mouches d'or, deux en chef et une en pointe ; aux second et troisième d'azur* (1) *à une aigle éploiée d'argent ; aux second et troisième d'or à trois chevrons de gueules et un chef d'azur chargé d'une croix d'or.*

Accolé d'écartelé, aux 1 et 4 d'azur à une fasce d'argent, aux 2ᵉ et 3ᵉ de gueules à un lion d'or.

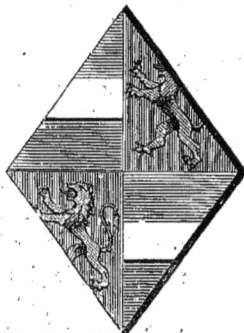

Jean-Jacques le Révérend mourut à Aix-la-Chapelle de la goutte.

Bar de Campernault : *écartelé aux 1 et 4 d'azur à une fasce d'argent, aux 2 et 3 de gueules à un lion d'or.*

Il avait épousé en 1674 Elisabeth de Bar de Campernault, fille d'Elie de Bar, seigneur de Campernault, laquelle fut en 1686 enfermée au Calvaire pour cause de religion.

Elisabeth vivait encore en 1720, époque à laquelle elle eut procès au parlement de Toulouse contre Jean-Gabriel de Bertrand, secrétaire en la grande chancellerie, son débiteur d'une somme de 21,000 livres pour argent prêté le 25 octobre 1714. Nous possédons une *Instruction* imprimée à l'occasion de cette affaire : in-f° de 11 pages.

Leurs enfants furent :

1° Henry le Révérend, baptisé le 7 novembre 1683 : il est dit dans cet acte fils de Jean-Jacques, seigneur de Bougy, marquis de Callonges, baron de Campernault, colonel général de cavalerie ; sa marraine fut Charlotte le Révérend, grand-tante.

_____

(1) Il est à remarquer que dans les lettres d'anoblissement d'Olivier le Révérend, le champ est de *gueules* et non *d'azur.*

CALONGES.

Il suivit son père à sa sortie de France et mourut en Hollande (1) fort jeune.

2° Judith-Elisabeth le Révérend de Bougy, mariée le 10 janvier 1714 à Charles-Antoine-Armand-Odet d'Aydie, comte de Ribérac, colonel d'un régiment d'infanterie, fils d'Amé-Blaise d'Aydie et de Thérèse-Diane de Baudru-Nogent.

Ils n'eurent point d'enfants.

D'Aydie : *de gueules, à 4 lapins courants l'un sur l'autre, sur un écartelé de Comminges et d'Armagnac.*

Avec Henry le Révérend s'éteignait, *dans la ligne directe,* le titre de marquis accordé à son père par le roi Louis XIV, par ses lettres-patentes de novembre 1667. Comme ce titre était aux termes de la concession royale transmissible *à ses successeurs et ayants cause pleinement, paisiblement et perpétuellement,* MM. Huë de Carpiquet, en vertu d'un usage qui faisait loi (2), ont relevé les titres de *marquis* et de *comte,* ainsi que nous l'avons vu, titres que ne pouvait leur donner la terre de Bougy puisque, comme nous l'avons dit, cette érection n'eut pas lieu. De même, MM. Révérend du Mesnil frères, représentants directs d'une branche collatérale, ont le droit de s'intituler *vicomte* et *baron.* Nous n'avons pas besoin d'insister sur cette coutume féodale qui survivait à la possession de la terre titrée : les patentes de 1667 ont prévu ce cas, en stipulant qu'en cessant d'appartenir aux Révérend par le « deffaut de descendants masles, » la terre de Callonges reviendrait, comme simple *baronnie,* aux nouveaux propriétaires.

---

(1) Judith de Callonges, sa tante, sortie de France pour la même raison, mourut à La Haye, fille et fort âgée. Elle était savante sans affectation ; elle possédait bien la langue hébraïque. — Bayle, *Dict. critique,* et *Mémoires* du temps.

(2) Ch. de Tourtoulon, *Du droit, de l'usage et de l'abus en fait de titres,* p. 19, verbo *Usages.* — Il est à remarquer que dans ces lettres, le titre n'indique pas que la transmission ne se fera qu'en *ligne directe :* la clause est ici exceptionnelle et permet la dévolution collatérale.

LES RÉVÉREND ÉTABLIS A FALAISE

QUATRIÈME DEGRÉ.

IV. Louis LE RÉVÉREND, 3ᵉ fils d'Olivier le Révérend l'anobli, et Iᵉʳ du nom, né vers 1562, est qualifié d'*écuyer* dans l'acte de baptême d'Anne le Révérend du 14 mars 1599 et de *noble homme* dans un autre acte du 23 décembre 1601.

Il fut employé avec ses frères, Michel et François (1) le Révérend dans la recherche de M. de Roissy et autres commissaires députés pour la recherche de la noblesse le 7 juillet 1599.

Sa femme fut, en 1582, Jeanne le Boucher, fille de Michel, frère de Jehan le Boucher, receveur du taillon à Caen (2). Michel le Boucher est mentionné dans l'acte de baptême de sa petite-fille, Hirlette le Révérend, du 9 octobre 1606. Leurs enfants furent :

1° Jean le Révérend, IVᵉ du nom, mentionné comme frère de Pierre dans le contrat de mariage de ce dernier.

2° Jacques le Révérend, IVᵉ du nom, marié à Fleurye le Court, fille de Bertin le Court; celle-ci est dite sœur de Marie le Court dans un acte de baptême du 25 mars 1607.

Il assista au mariage de son frère Pierre.

Voy. *Pièces justificatives.*

Le Boucher : *d'azur à la fasce d'argent accompagné en chef d'une aigle d'or accostée de deux merlettes du même, et en pointe de 3 roses du second.*

Reg. paroissiaux de la ville de Falaise.

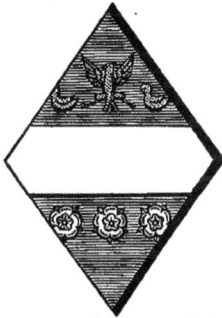

(1) *La France protestante*, ouvrage remplis de détails curieux sur les réformés, prétend qu'on ne sait rien de Louis Révérend et de François, son aîné : cette assertion est démentie par les faits comme nous l'indiquons ; il est juste de dire que la branche de Bougy brilla d'un tel éclat que les auteurs du temps n'ont rien dit notamment de la branche établie à Falaise.

(2) En 1562. — Beaujour, *loco citato*, p. 100. — En 1686, Philippe Boucher ou Leboucher de Caen fut condamné le 20 mars par le Parlement de Besançon pour n'avoir pas voulu abjurer ; il mourut sur les galères au mois d'août de la même année.

Il n'eut qu'une fille :

Hirlette (peut-être *Arlette*) le Révérend, baptisée le 9 octobre 1606.

3° Pierre le Révérend qui suit.

V. Pierre LE RÉVÉREND à la suite des guerres religieuses et de dissensions cinquième degré. de famille, car il se fit catholique, vint se marier le 15 juin 1606 (1), en l'église Saint-Gervais de Falaise, avec Marie le Le Court : *d'hermines à trois quintefeuilles de gueules.* Court, sœur de Fleurye.

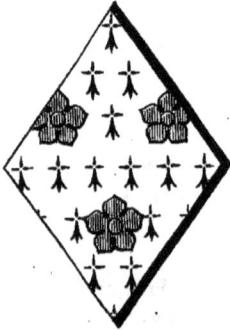

Les guerres civiles avaient fait sa part des plus modestes : les Bougy ne lui pardonnèrent pas d'ailleurs son apostasie. Il était venu chercher, à Falaise, une existence paisible et modeste, se rappelant cet adage de nos *Institutes coutumières :* Pauvreté Loisel, *Institutes coutumières*, XV. 8. n'est point vice et ne désennoblit point.

« Au xvᵉ et au xvıᵉ siècle, le nombre est infini des gentilshommes ruinés, aînés et cadets se réfugiant dans les villes, dans les métiers même et travaillant pendant des générations à reconstituer le patrimoine nobiliaire. Un apothicaire du nom de Blondel se disait descendre du fameux Blondel, trouvère picard du xııᵉ siècle, le Cléry de Richard Cœur-de-Lion, et avait une devise allusive : *Crescit in adversis virtus*, allusion à l'héroïque fidélité de ses ancêtres et à sa propre déchéance » (Vicomte de Poli).

On aura une idée de la fureur des guerres civiles lorsqu'on saura qu'au rapport d'un Haag, *La France protestante*, II-245. historien contemporain, 800,000 personnes périrent victimes de ces luttes fratricides, 9 villes furent rasées, 250 villages furent réduits en cendre et 128,000 maisons détruites ; la plupart des terres furent laissées en friche ; le peu de manufactures, qui restaient debout, chômèrent faute de capitaux ; le commerce extérieur fut anéanti.

Au reste, le noble, qui labourait ses propres terres, ne dérogeait pas. Il plantait Saint-Allais, *L'ancienne France*, I-507. ordinairement son épée sur sa charrue pour se distinguer des autres nobles ; la dérogeance n'avait lieu que par la profession des arts vils et mécaniques, par l'exercice du trafic ou commerce en détail, par l'exploitation des fermes d'autrui, ou même par l'exercice de certaines charges telles que huissier, procureur, greffier.

Il n'y avait donc aucune dérogeance à vivre modestement et obscurément du peu qu'on avait pu sauver des bouleversements de cette époque ruineuse et tourmentée.

Au reste, le gentilhomme, qui faisait « trafic de marchandises », était privé temporairement des privilèges de sa noblesse, mais jamais de son état. En Normandie, la coutume existait positivement : pour preuve nous dirons que, lors de la recherche de

---

(1) C'est le premier acte relatif aux Révérend que donnent les registres paroissiaux de Falaise quoiqu'ils commencent à 1572.

Montfaut, en 1463, deux frères sont maintenus au rang des nobles de la sergenterie de Pont-Farcy; mais ils y sont assis taillables pour *quinze ans parce qu'ils sont marchands*. Dans la même recherche, et l'on sait si elle fut sévère, à l'article des taillables de la sergenterie de Beaumont, on voit figurer un habitant qui est ainsi qualifié : *marchand noble comme l'on dit...*

De Laigue, dans ses *Familles françaises*, mentionne de nombreuses ordonnances royales en ce sens de 1256 à janvier 1572.

Chorier, dans son *Nobiliaire du Dauphiné*, parle de plusieurs nobles de naissance qui furent mis au rang des nobles lors de la révision des feux, faite en cette province l'an 1477, quoiqu'ils exerçassent *l'art de marchandise* et que l'un d'eux fut *charpentier de profession (Ibidem)*.

De Marie le Court, Pierre le Révérend eut :

1° Fleury le Révérend, baptisé le 25 mars 1607, nommé par Fleury, fils de feu maître Jacob de la Loë (1), en son vivant apothicaire à Falaise.

Le Révérend prit l'habit ecclésiastique en l'abbaye de Saint-André-du-Chour ; en 1638, il était « réfugié à Hesdin » en Artois, d'après une note au f° 297 de son *Livre de recettes diverses*, retrouvé dans nos archives.

2° Jehan le Révérend, Vᵉ du nom, qui suivra.

3° Jehan le Révérend le jeune, VIᵉ du nom, dont la postérité sera rapportée au § 2 de l'appendice.

4° Nathaniel le Révérend, époux de Nicolle Bourdon, père de

Marie le Révérend, baptisée le 26 septembre 1656.

SIXIÈME DEGRÉ. VI. Jehan LE RÉVÉREND, Vᵉ du nom, baptisé le 27 novembre 1612 : parrain Jehan le Court, sieur de Cars (?).

Il se qualifie non plus *écuyer*, mais simplement *bourgeois de Falaise*.

Ce titre mérite quelques explications.

La Faille, cité par De Laigue, *Familles françaises*, p. 391.

Il désignait à l'origine un homme de guerre ayant la garde d'une forteresse de ville (*burgus*, forteresse, d'où *burgensis*); par extension, il s'appliqua aux habitants riches de la ville fortifiée.

Études historiques.

« Le bourgeois, a dit M. de Chateaubriand, qui reconstruisit la moyenne propriété dans les cités, n'est pas du tout le bourgeois de la monarchie absolue... Il y en avait de

---

(1) Cette famille a fourni Réné de La Loë, bourgeois de Falaise, qui fonda, en 1691, les bains de Bagnols (Orne), devenus si célèbres depuis.

Un autre Falaisien, l'avocat général Hélie de Cerny publia, au siècle suivant, un *Mémoire* pour les recommander.

Ces eaux salines, dont la température est de 27°, sont de nos jours fort fréquentées.

grands, de petits et des francs-bourgeois; ils ne dérogeaient point à la noblesse. *Noble homme, damoiseau* et *bourgeois* sont des qualités données à une même personne dans les titres du xvᵉ siècle. Les nobles qui étaient bourgeois de certaines villes se trouvaient dispensés de l'arrière-ban. »

Loyseau, *Des Ordres*, p. 131.

· « Les habitants d'une même ville ne faisaient pas partie nécessairement de la communauté; ils devaient y être reçus ou agrégés ou être nés de père et mère *bourgeois et citoyens* de cette même ville : ils composaient *un ordre de noblesse civile* capable de posséder les charges, de commander à la milice, d'être chefs de corps des métiers, et prenaient la qualité de *nobles et d'écuyers* par la tolérance des princes, « les princes et les seigneurs avaient aussi la complaisance de prendre la qualité de citoyens et de bourgeois. »

Menestrier, *Des diverses espèces de noblesse*, p. 6 et 53.

La Roque a consacré un chapitre entier de son *Traité de la noblesse* à prouver que le titre de bourgeois était compatible avec la noblesse.

Page 285.

La bourgeoisie était royale ou seigneuriale : elle ne consistait que dans l'affranchissement de la personne : c'est à ces bourgeoisies que l'on doit rapporter l'établissement des priviléges des villes.

Huard, *Anciennes lois des François*, I-236.

Or la ville de Falaise fut affranchie de bonne heure, le 5 février 1203, nous disent les historiens, « des mains défaillantes du dernier duc Anglo-Normand, Jean Sans-Terre. »

Cette charte, qui était néanmoins révocable à volonté, est trop curieuse pour que nous l'omettions ici :

Langevin, *Recherches sur Falaise*, p. 131.

« Johannes Dei gratia rex anglorum duc Normannie Johanni Marescallo salutem.

« Sciatis me concessisse quod probi homines nostri de Falesià communiam habeant, tam in villà de Falesià quam extra villam, infra banleucam suam quandiù nobis placuerit duraturam. Undè vobis præcipimus quod communiam illam ita fieri et teneri faciatis et vos illam teneatis tenendam quandiù baillivus noster fueritis in partibus illis, salva custodia castelli et ville nostre.

« Teste meipso.

« Apud Rothomagum quinto die februarii. »

« Jean, par la grâce de Dieu roi d'Angleterre, duc de Normandie, à Jean Maréchal, salut.

« Sachez que nous avons accordé à nos honnêtes gens de Falaise le droit de *commune* tant dans la ville qu'en dehors, en deçà de sa banlieue, pour autant de temps qu'il nous plaira. En conséquence, nous vous ordonnons de faire tenir et respecter cette communauté, et de la faire aider aussi longtemps que vous serez notre bailli chargé de ce soin : nous nous réservons la garde du château et de notre ville.

« J'en suis le témoin.

« A Rouen. le 5 février. »

L'année suivante, 1204, Philippe-Auguste assiégea Falaise. La ville se rendit, mais demanda la confirmation de sa charte, ce que le roi de France lui accorda de son camp sous Falaise ; ces priviléges furent, en outre, renouvelés en 1313, en 1335, en 1361, en 1381, etc , par ses successeurs au trône de France.

Huard, *loco citato*, p. 237.

Les droits de bourgeoisie entraînèrent des droits précieux pour ceux qui les obtenaient : c'est ce qui explique que des nobles se faisaient recevoir pour participer à ces avantages. Nous dirons de plus, avec le même auteur, que « toute bourgeoisie de ville ou bourg en Normandie, a imprimé de tout temps aux héritages qu'ils comprenoient les caractères du *Franc-Aleu* et du *bourgage*, quant à la manière d'y succéder, de les partager, de les aliéner, de les tenir francs et libres de tout service féodal. »

Ces circonstances expliquent que dans les premiers registres paroissiaux de Falaise, simples mémoriaux ayant trait à l'administration des sacrements, les bourgeois de cette ville sont dits le plus souvent *bourgeois de condition libre.*

Du Pont : *d'azur, à deux clairons d'or accompagnés de trois molettes d'éperon d'argent.*

Jehan le Révérend épousa, le lundi 16 mars 1647, Jacqueline du Pont, fille de feu Mathieu du Pont, sieur de Saint-Christophe, et de vivante Françoise Périgot.

De cette union furent procréés :

1° Philippe le Révérend, qui continuera.

2° Françoise le Révérend, baptisée le 24 août 1651 : on la trouve mentionnée, comme marraine, le 2 juillet 1697.

3° Anne le Révérend, baptisée le 9 septembre 1653 ; elle épousa Charles Berthault et avait, quand elle fut inhumée le 24 avril 1726, une fille :

Marie Berthault, femme le 23 octobre 1721 à Georges le Roquet, sieur des Rivières, fils de Guillaume le Roquet et de Jacqueline le Paisant.

4° Jacques le Révérend, VIIe du nom, baptisé le 19 avril 1655 : son article viendra après celui de son aîné.

Jacqueline du Pont fut inhumée le 25 décembre 1674, et Jehan le Révérend le 10 juin 1675.

Original à nos archives.

Jacqueline avait une sœur du nom de Martine du Pont, laquelle se maria, le 3 juin 1653, avec honorable homme Pierre le Cherpy, fils d'Anthoine le Cherpy et d'Anne Roucy (ou Roucin) : à son mariage assistèrent honorables hommes « Jehan le Révérend, frère en loy de la ditte fillie, » Thomas Filleul, Isaac le Prieur, maistre Pierre le Pacca, sieur de Vaumanges et Charles Commanche, sieur des Coustures, *tous bourgeois de Falaise.*

Martine du Pont, devenue veuve, se remaria, le 13 octobre 1664, à honorable Guillaume de Vienne, *bourgeois de Falaise,* qui mourut l'année suivante.

— 33 —

VII. Philippe LE RÉVÉREND, baptisé le 15 août 1648, aussi bourgeois de Falaise. SEPTIÈME DEGRÉ.

Il épousa, le 11 février 1673, Elisabeth Couespel ou Coypel, fille de Philippe Couespel et de Guillelmine Coustures : fut présent Jacques le Révérend.

Couespel : d'azur, à trois besants d'argent rangés en fasce, celui du milieu accompagné en chef et en pointe de deux têtes de lion du même.

Cinq enfants furent les fruits de cette union :

1° Robert le Révérend père de

    A. Laurent le Révérend, né en 1720, mort le 4 juillet 1780, époux de Marie-Anne de Saint-Jean d'où :

        a. Marie-Françoise-Charlotte Révérend (1), baptisée le 17 décembre 1753 ;

        b. Jean-Jacques Révérend, baptisé le 30 août 1755 ;

        c. Marie-Anne Jacqueline Révérend, baptisée le 17 mars 1760 ;

        d. Mathieu-Charles Révérend, baptisé le 21 août 1762 ;

        e. Jacques-Philippe Révérend, baptisé le 26 janvier 1765 ;

        f. Marie-Anne-Catherine Révérend, baptisée le 5 novembre 1765.

2° Jean Révérend, VIIᵉ du nom, né le 3 janvier 1675, inhumé le lendemain.

3° Marie Révérend, baptisée le 18 janvier 1678.

4° Jean-Jacques Révérend, IIᵉ du nom, né le 8 novembre 1692, baptisé le 12.

Il prit, en premières noces, Suzanne de la Couture et en eut :

    B. Charlotte-Françoise Révérend, née le 4 septembre 1717.

    C. Marie-Jacqueline Révérend, baptisée le 4 décembre 1719.

    D. Jean-Alexandre Révérend, né le 2 décembre 1720.

Et en secondes noces, Jeanne de la Rue, d'où :

La Rue : d'azur, à une roue d'or, au chef cousu de gueules chargé de 3 coquilles du second émail,

    E. Marie-Françoise-Angélique Révérend, baptisée le 7 février 1722, mariée à M. le Danois, mère d'un fils.

    F. Catherine Révérend, née le 25 septembre 1723.

5° Françoise Révérend, née le 1ᵉʳ juillet 1697.

Les registres paroissiaux ne nous apprennent rien de plus sur cette nombreuse lignée : nous en ignorons le sort.

VII. Jacques LE RÉVÉREND, VIIᵉ du nom, né le 19 avril 1655, bourgeois SEPTIÈME DEGRÉ. de Falaise.

C'est à partir de lui que l'article *le* disparaît définitivement devant le nom patrony-

(1) Nous copions exactement les registres paroissiaux : l'article *le* a disparu.

mique : bien qu'on le trouve encore dans les actes notariés de l'époque, notamment dans son contrat de mariage reçu Besnard, notaire, où il est dit *Jacques le Révèrent, fils de Jean le Révèrent et de Jacqueline du Pont*, l'usage a prévalu d'écrire Révérend, sans article, ainsi du reste que l'ont constamment orthographié Mézerai, Moréri, Bayle, etc.

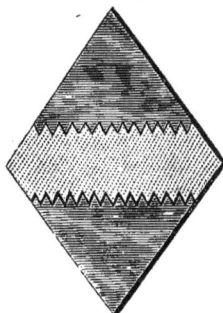

Cousture : d'azur, à la fasce dentelée d'or.

Jacques fut marié deux fois :

D'abord, le 30 novembre 1680, avec Anne Coustures, fille de Pierre Coustures et de Françoise le Bidgrel : présent Philippe Révérend.

Du premier lit sont issus :

1° Laurent Révérend qui fut curé de Fleurey, doyen de Macé et syndic du clergé de Séez.

Nous possédons, dans notre collection céramique, deux magnifiques pichets à cidre, en Rouen flamboyant, avec sa marque *messire Révérend*.

Il fit divers legs pieux, assez importants pour le temps, aux curés ses successeurs, « arrêtés de l'agrément de Mgr l'illustrissime, le révérendissime messire Louis-François Néel de Christot, évêque de Séez, conseiller du roi en tous ses conseils et son conseiller d'honneur au parlement de Rouen, qui signa son testament olographe en date du 19 septembre 1743. »

2° Jacques Révérend l'aîné, VIIIᵉ du nom, né le 18 mars 1682, marchand bourgeois à Falaise.

Il eut pour femme, le 4 octobre 1711, Marie-Françoise Cellier, fille de Jacques Cellier et de Barbe Herson, mais il mourut sans enfants ; par son testament du 5 janvier 1744, il fit sa femme son héritière universelle. Celle-ci, testant, à son tour, le 1ᵉʳ février 1753, élut sa sépulture en l'église de Saint-Gervais auprès de sa mère comme avaient coutume ses ancêtres.

Gervais : de sable, à un trèfle d'or.

En second mariage, Jacques VII eut pour femme Charlotte Gervais, fille de Jean Gervais et de Marie Vallée, dont les deux autres filles furent mariées, l'une à François Le Moult, sieur de Grandchamps, et l'autre, à Pierre Le Fèvre, sieur du Houllay.

Les enfants du deuxième lit furent :

3° Jeanne Françoise Révérend ;

4° Jacques Révérend le jeune, né en 1683, qui continuera ;

5° Marie-Jacqueline Révérend, née en 1689, suivant son acte d'inhumation du 7 octobre 1761. Elle s'était unie le 2 juin 1714 à François Capelle (1), apothicaire à Falaise, d'où vinrent trois enfants :

    A. Charles Capelle ;

    B. François Capelle ;

    C. Suzanne Capelle.

Jacques VII acquit, le 12 février 1694, de Jacques Esnault, avocat au Parlement de Rouen, et de Claude Esnault, sieur des Hameaux, lieutenant particulier en la vicomté d'Argentan, diverses terres au hameau du *Mesnil*, paroisse de Perteville (2) et de Françoise Campoëns, veuve de Guillaume André, *sieur du Mesnil*, le 6 février 1699, d'autres possessions au dit lieu du Mesnil (3) : ces acquisitions furent constituées en fief (4) qui donna, comme nous le verrons bientôt, son nom au rameau qui va suivre. A l'exemple de Jean l'Hermite, puis de Guillaume André, Louis Révérend, ci-après, se dira sieur du Mesnil (5), et quand la qualification féodale disparaîtra, le nom restera ce qu'il est encore aujourd'hui, *Révérend du Mesnil*. C'est au surplus l'histoire d'à peu près tous les seconds noms à particule des maisons nobles de France : cette petite propriété syllabique, comme l'appelait le président de Brosses, n'a jamais été un signe probant de noblesse, elle n'a été que l'indication de la possession terrienne.

Titres originaux dans nos archives.

---

(1) On trouve Me Robert Capelle, sieur de Montaval, advocat à Lisieux, qui obtint lettres d'anoblissement données à Paris en octobre 1643, vérifiées en la chambre des comptes le 9 août 1644.

(2) On disait autrefois *Perdeville* du latin *perdita villa*, ville détruite, dénomination qui, au dire de M. de Caumont, *Statistique monumentale du Calvados*, p. 255, semble indiquer l'existence d'une ancienne maison de campagne gallo-romaine.

(3) Il n'est pas sans intérêt de dire que ce nom vient du celtique *man*, homme, d'où *manere*, *manoir*, et *mesgnie* qui signifiait autrefois famille, ménage : « Cet homme a amené toute sa mesgnie. » (Dict. de Trévoux).

Dans la basse latinité, on exprimait ce mot par *maisnado* ou *menada*, même *mêna* : *Et se il ne se treuve en son hostel, il le doit dire en sa mehnée*. Ducange qui rapporte cette phrase, cite ce vers ancien :

    Li grants seigneurs et leurs mesnies.

Il est au reste fort commun en Normandie où un grand nombre de communes l'ont particulièrement retenu de nos jours.

(4) Le fief du Mesnil existait déjà, puisque Jean l'Hermite, anobli en 1594, s'en qualifiait *sieur* : ce Jean l'Hermite devint baron de Villy, de Vesqueville et de Damblainville.

Quelques-uns des fiefs de cette époque étaient de bien moindre étendue : le terrier de Falaise, du 14 mars 1690, cite le fief de Courbonnet dont se qualifiait *sieur* Thomas Morel, ne comprenant qu'une pièce, près la ville de Falaise, de 80 acres. Jean Morel, sieur de la Courbonnet, fut vicomte-maire de Falaise de 1566 à 1585.

(5) Il est constant que dans l'ancienne Normandie, la possession d'un fief, même roturier, donna au propriétaire le droit d'ajouter à son nom celui de *sieur de...* du nom de ce fief : tous les arrêts et tous les auteurs constatent unanimement ce droit (Trib. civ. de la Seine, 13 mai 1870, procès *Pardaillan*, observ. de M. l'avocat général d'Herbelot). Même dans certains pays, en Poitou, par exemple, l'abus amena, lorsque l'un des enfants ne possédait pas de fief, qu'il pût s'intituler dans les actes *sieur du nom*.

6

RAMEAU DES RÉVÉREND DU MESNIL

VIII. Jacques LE RÉVÉREND *le jeune*, IXᵉ du nom, bourgeois de Falaise, acquit, le 3 juin 1719, le *fief ferme* (sic) de la Croix, à Villy, de dame Françoise le Filleul, fille de Noel Filleul, sieur de Prébois, conseiller du roi, grenetier au grenier à sel de Falaise, et épouse d'Alexandre Desmonts, écuyer, seigneur et patron de Pierrepont, y demeurant; sur le prix total, une somme de 1.150 livres fut payée, le 3 juillet suivant, à François de Préville, conseiller du roi, élu en l'élection de Falaise, en acquit du vendeur chargé du fait de Gilles-Paul Desmonts, écuyer, sieur de Pierrepont, son père, et ce en amortisse-ment partie de la rente que Alexandre-Marie, sieur des Acres, avocat à Falaise, avait constituée au profit d'Alexandre le Magnen, sieur de Houlbec, conseiller du roi, lieute-nant particulier en la vicomté de Falaise. Cette rente avait été revendue ensuite à Alexandre le Magnen, écuyer, conseiller procureur de Gabriel le Magnen, son père, et de noble dame Elisabeth de Sanrève, par contrat du 10 octobre 1697.

Le nouvel acquéreur rendit ses devoirs seigneuriaux d'aveu et hommage à Simon-Auguste l'Hermite.

Du Pont: voy. le bla-sonnement à la page 32.

Jacques IX épousa, le 26 avril 1707, Françoise du Pont, fille de Jacques du Pont, sieur de St-Christophe et d'Anne Vallée; lorsqu'il fut inhumé le 9 avril 1723, il avait eu les en-fants ci-après :

1° Jacques Révérend le jeune, maître d'hôtel à Falaise ;

2° Guillaume Révérend, né le 7 mars 1712 ;

3° Jeanne-Françoise Révérend, née le 20 juillet 1713, laquelle épousa, le 17 mai 1736, Denis Rossignol, procureur au bailliage et vicomté de Falaise, sieur du Val Corbet, fils de Denis Rossignol et de Marie-Magdeleine Faucillon.

De ce mariage vint :

A. Françoise Rossignol, femme de Louis-Philippe Grandin de la Gaillonnière (1), fils du second mariage de Louis-Philippe Grandin de la Gaillonnière, lieutenant de cavalerie, avec Marie-Suzanne Pouchet.

4° Louis Révérend, II° du nom, qui fait le IX° degré;

5° Marie-Jacqueline Révérend, née le 14 avril 1717;

6° Jean Révérend, VII° du nom, qui épousa Elisabeth Fleury.

Il était décédé avant 1757, sans enfants.

7° Laurent Révérend, né vers 1720, marié, à Caen, à Marie-Anne de Saint-Jean, d'où :

B. Marie-Anne-Charlotte Révérend, née en 1750, mariée le 20 avril 1773 à Thomas Joseph le Cesne, libraire, fils de feu Joseph le Cesne (2) et de Marie-Magdeleine des Champs; d'eux vinrent :

a: Marie-Françoise-Adélaïde le Cesne, née le 29 avril 1775.

b. François-Auguste le Cesne, baptisé le 6 janvier 1780.

C. Marie-Anne-Jacqueline Révérend, née le 15 mars 1760;

D. Mathieu-Charles Révérend, né le 19 août 1762;

E. Jacques-Philippe Révérend, né le 26 janvier 1764, marié le 11 février 1790 à Catherine le Marchand, fille de Charles le Marchand et de Marie-Catherine Josse;

F. Marie-Anne-Catherine, née le 24 novembre 1765;

IX. Louis RÉVÉREND, II° du nom, né le 3 décembre 1714, bourgeois de Falaise.

Il licita avec ses cohéritiers, le 22 avril 1749, les biens de la famille, et acquit, outre le fief du Mesnil à Perteville, la maison de Falaise.

Il ajouta, d'après l'usage des temps, au nom patronymique, le surnom de *sieur du Mesnil*, du fief du nom qui avait été possédé noblement, avant lui, par les l'Hermite et les Esnault, et il en prêta la foi et hommage, le 6 juin 1754, à haut et puissant seigneur

Voy. SAINT-ALLAIS, *Nob. universel*, XV-35, et l'introduction à l'*Arm. de la Roque*, p. 26 du 1er volume.

Original dans nos archives.

---

(1) La Chesnaye des Bois a donné une généalogie de cette famille, t. VII, p. 402, depuis Thomas Grandin, *d'ancienne noblesse*, vivant en 1330.

L'alliance avec Françoise Rossignol, certifiée par les registres paroissiaux, ne figure pas dans cette filiation qui ne donne que la date, le 20 février 1733, de la naissance de Louis-Philippe Grandin de la Gaillonnière. L'auteur du Mémoire fourni à Lachesnaye aurait-il trouvé trop roturier ce nom de Rossignol? mais avait-il le droit d'être si exclusif alors qu'on trouve les lettres *d'anoblissement* de Jean Grandin, sieur de Bailleul, données à Paris en mars 1577, moyennant une finance de 1,000 livres?—L'abbé Lebeurier, p. 8.

(2) Il paraît être fils du théologien Charles le Cesne, qui traduisit la Bible d'une manière remarquable en 1696, ouvrage qui fut publié en 1741 par son autre fils, libraire à Amsterdam. Ce dernier, qui a composé plusieurs autres livres sur les matières religieuses, mourut à Londres en 1703.

messire Nicolas-François de Cauvigny, chevalier, seigneur et patron de Clinchamps, Grimbosc, Saint-Laurent de Condel, Fresné-la-Mère, et en partie de Perteville, baron de Villy, Vecqueville et Damblainville. Les actes originaux de l'époque constatent que dès lors le nom de DU MESNIL est devenu partie intégrante du nom primordial.

Louis Révérend mourut encore jeune, le 14 septembre 1762. Après sa mort, une décision du 30 mars 1763, rendue par messire d'Ecajeul, écuyer, lieutenant au bailliage de Falaise, nomma pour parent député et second tuteur à ses enfans mineurs ci-après désignés, le sieur Etienne de Vienne, parent du côté maternel, en remplacement de Charles le Vicomte, précédemment nommé en la dite qualité :

Guillaume : *d'azur, à la tour d'argent, au chef du même chargé de trois étoiles de sable.*

Louis Révérend, sieur du Mesnil, avait épousé, le 3 juin 1748, damoiselle Marie Guillaume, fille de Léonard Guillaume, alors collecteur des tailles (1), et de Marie le Vendengeur de Torp. De cette union étaient nés :

1° Jacques-Léonard Révérend du Mesnil, par qui la famille sera continuée ;

2° Marie-Françoise Révérend, née le 19 septembre 1751 : parrain, Denis Rossignol ; marraine, Marie le Vendengeur. Elle fut mariée : 1° à Léonard Guillaume, son cousin germain ; 2° le 23 février 1786 à Jean-Philippe Duhamel, marchand, fils de feu Philippe Duhamel et de Marie Heurtault ; d'où Jacques-Philippe, né le 3 février 1788 qui ne vécut pas longtemps ; elle mourut le 15 mai 1810 ;

3° Françoise-Suzanne Révérend, née le 22 décembre 1754, morte le lendemain ;

4° Louis-François Révérend, mort à l'armée, dans le régiment Limousin, compagnie d'Ollandon, le 4 septembre 1788 ;

5° Louis Révérend, IIIᵉ du nom, apothicaire à Falaise en 1782, mort le 3 septembre 1788 ;

6° Jeanne-Suzanne Révérend, née le 27 février 1761, mariée le 21 septembre 1786, à Jean-François Ridel, marchand, fils de feu Robert Ridel et de dame Thérèse Souyer, déjà veuf de Marie-Madeleine Deschamps.

Elle mourut sans postérité, le 21 septembre 1831.

7° Marie-Françoise Révérend, décédée le 15 mai 1810.

X. JACQUES-LÉONARD RÉVÉREND DU MESNIL, né le 26 octobre 1749, *vicomte* par la mort de son cousin Henry Révérend de Bougy (voyez à la page 27) : sa position

(1) Cette charge, qui ne revenait qu'après cinq ans, était obligatoire : « riche ou médiocre, capable de la collecte, personne ne pouvait s'en exempter. »

modeste l'empêcha seule de porter ce titre, inutile pour la profession qu'il embrassa.

Après de bonnes études à Paris et à Caen, il se fit diplômer, le 7 octobre 1778, comme docteur-médecin (1) et sût mériter, par son zèle infatigable et son désintéressement, l'estime de ses concitoyens, et, comme pour clore noblement une vie toute d'abnégation, « après avoir volontairement prodigué pendant plusieurs mois ses soins aux militaires blessés et atteints de fièvres contagieuses, dont les hôpitaux de Falaise furent encombrés en 1814, il succomba le 8 juin de cette même année, à l'âge de 65 ans, victime de son généreux dévouement (2). »

Jacques-Léonard, docteur en médecine de la Faculté de Caen, et Louis Révérend, frères et fils de Louis Révérend, sieur du Mesnil, prêtèrent hommage le 31 août 1779, entre les mains de Nicolas-François Blache, avocat en Parlement et au bailliage de Falaise, sénéchal ordinaire de la seigneurie de Fresné-la-Mère, avouants foi à dame Agnès-Françoise-Radégonde de l'Hermite, dame et patronne honoraire de Fresné-la-Mère et en partie de Perteville, baronne de Villy, Vacqueville et Damblainville, veuve de haut et puissant seigneur messire Bernard-Nicolas-François de Cauvigny, chevalier, etc.

Il s'était marié le 20 prairial an VII (8 juin 1799) avec Henriette-Jacqueline-Laurence Collas, fille de Laurent-Jacques Collas de la Grillière, avocat, et de Rosalie-Marie-Perrine-Jeanne Belzais de Courmesnil (3).

Collas: *écartelé aux 1 et 4 d'azur, à trois fasces d'or; aux 2 et 3 d'azur, à la bande échiquetée du champ et d'or de deux tires.*

Madame Révérend du Mesnil est décédée le 28 juillet 1865, âgée de 96 ans.

De son union sont nés :

1° Louis-Gustave, qui suivra ;

2° Charles-Edmond Révérend du Mesnil, le 3 juillet 1803, receveur des Hospices civils d'Alençon, décédé depuis longtemps ; il s'était marié, le 5 septembre 1836, à Victoire-Joséphine-Perrinet, fille du docteur Christophe-René Perrinet et de Victoire-Joséphine Dubois.

Deux enfants : 1° Léon-Joseph Révérend du Mesnil, né le 8 janvier 1838, employé supérieur de l'administration des postes et télégraphes ;

2° Mathilde-Henriette-Christophe Révérend du Mesnil, née le 30 janvier 1842,.

(1) Un arrêt du conseil d'Etat du 4 juin 1668 avait déclaré que la qualité de juge royal, de *médecin*, d'avocat ne dérogeait pas. — De Laube, *Formulaire des preuves pour Malte.* 1775. — *Bull. de la Société héraldique de France*, 1879, p. 202.

(2) Certificat authentique de l'époque, délivré par le maire de Falaise, Frédéric de Labbé.

(3) Belzais : *d'azur, à trois besans d'or 2 et 1 et une molette de même posée en cœur.*

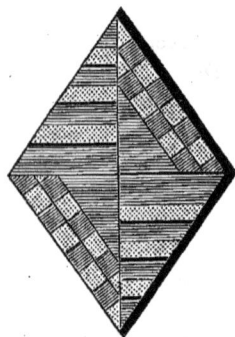

épouse, le 17 septembre 1860, d'Albert-Constantin le Tourneur Dubreuil, docteur en droit, ancien receveur des domaines, aujourd'hui juge de paix de la ville de Caen, fils d'Amédée-Louis-Juvénal le Tourneur Dubreuil, receveur des domaines, et de Sophie-Henriette de Sainte-Marie, d'où postérité :

A. Albert-Léon le Tourneur Dubreuil, né le 9 juillet 1862.

B. Alice-Mathilde le Tourneur Dubreuil, née le 3 novembre 1870.

XI. Louis-Gustave RÉVÉREND DU MESNIL, né le 1er messidor an IX (20 juin 1801), vicomte du Mesnil (1), employé supérieur de l'administration de l'enregistrement et ensuite conservateur des hypothèques, maire de Villy et vice-président du conseil d'arrondissement de Falaise, s'est marié, le 23 mai 1830, à Louise-Aline Guyon de Vosloger, fille de Louis Guyon de Vosloger, ancien officier, chevalier de Saint-Louis, et de Louise-Julie Gouhier de Saint-Cenery; il est décédé le 9 juin 1874, et madame du Mesnil, le 31 mai 1872.

Guyon : d'argent, au cep de vigne pampré et terrassé de sinople, fruité de gueules, soutenu d'un échalas de sable.
Gouhier : de gueules, à trois roses d'argent.

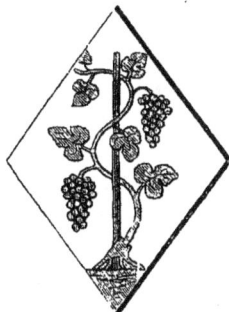

De leur mariage sont venus :

1° Clément-Edmond, qui forme le douzième degré ;

2° Laurent-Adrien, baron Révérend du Mesnil, né le 23 juin 1834.

Après une seule année de brillantes études à l'Ecole préparatoire de Brest, il entra le 1er octobre 1850, à la suite d'un examen de concours remarquable, comme élève à l'Ecole navale, et, après les deux ans réglementaires, embarqua le 1er octobre 1852, sur la frégate la *Forte*, pour un voyage autour du monde. La guerre de Crimée le surprit, à l'extrême Orient, devant Petropolowski, où il prit part à un combat naval des plus sérieux, soutenu, le 31 août 1854, par deux divisions navales anglaise et française, contre des forces russes supérieures de terre et de mer. Il y fut blessé dans des conditions qui méritent d'être rapportées : il commandait à l'arrière de la *Forte* une batterie de sept pièces, lorsqu'au plus fort de la mêlée, il voulut rectifier le tir d'un canon ; il était penché sur le dos du canonnier pour mieux voir le point de mire, lorsqu'un obus russe, venant à éclater à côté de lui, coupa en deux l'homme qui était sous lui et le blessa grièvement à la cuisse ; il n'en continua pas moins son service jusqu'à la fin. Le brevet d'aspirant de première classe fut, le 1er septembre suivant, la récompense immédiate de cette belle conduite : un an après, jour pour jour, il était fait enseigne de vaisseau sur le brick de premier rang *le Victor*.

Il partit alors pour la campagne des côtes occidentales d'Afrique et embarquait,

(1) Breveté *chevalier du lys* le 19 août 1814 : *signé* le duc de Maillé.

le 30 septembre 1856, sur le transport *l'Oise*, comme second; lorsque le lieutenant de vaisseau commandant fut obligé de rentrer en France pour cause de santé, il se vit désigné pour le remplacer, le 31 janvier 1857.

C'est dans cette situation, si honorable pour son jeune âge, qu'il entreprit, de sa propre initiative, cette hardie exploration du Haut-Como, dont nous avons récemment rappelé les péripéties au Congrès national des Sociétés françaises de géographie, ouvert à Lyon le 25 août 1881 (1).

Le résultat fut qu'il conserva le commandement de *l'Oise*, devenue à dater du 1er janvier 1858 annexe de la *Tourmente*, et fut détaché, en poste avancé, au mouillage isolé de Neugue-Neugue, loin de tous nos établissements français du Gabon; il sut y faire aimer et respecter des populations sauvages, des Pahouins principalement, le nom glorieux de la France, et y protéger utilement notre commerce avec l'intérieur de l'Afrique.

Le 1er janvier 1858, il revint sur la canonnière *la Tourmente* et assista, au Sénégal, aux expéditions du Sherboro et de la Casamance, où il prit part au combat de Caronne : la croix de chevalier de la légion d'honneur récompensa à vingt-quatre ans et demi « sa belle conduite dans cette affaire (1). »

Rentré en France, il partit, le 23 novembre 1859, sur la frégate la *Persévérante* pour la campagne de Chine. Pendant les expéditions faites par le contre-amiral Protêt contre les rebelles chinois, il commanda, durant quatre mois, l'aviso à vapeur *l'Ondine*, attaché à la station locale de Canton : il était officier d'ordonnance de M. Protêt et il se trouvait à côté de lui lorsque le brave amiral fut tué sous les murs de Nékio, le 18 mai 1862 : il continua les mêmes fonctions auprès du nouveau commandant de la station, M. le capitaine de vaisseau Faucon.

Lorsque M. Révérend du Mesnil fut nommé le 7 juillet 1862, lieutenant de vaisseau, le brevet était accompagné d'une lettre du ministre de la marine, du 6 août suivant, ainsi conçue : « Cet avancement est la récompense de vos services courageux « et dévoués dans les opérations de guerre qui ont eu lieu en Chine : j'ai mis de l'intérêt « à vous le faire obtenir. » Il avait reçu la médaille commémorative instituée par décret impérial le 23 janvier 1861, la médaille d'or instituée par l'empereur de Chine en faveur des Français qui s'étaient le plus particulièrement distingués contre les Taepings : on sait que cette décoration ne fut guère prodiguée.

Il rentra en France sur *la Renommée*, et le 28 février 1864, il monta sur le vaisseau le *Donawerth*, où il fut chargé des montres : débarqué le 3 mars 1864 pour le vaisseau *le Redoutable* comme lieutenant de vaisseau de deuxième classe, il fut placé sur le vaisseau-amiral *le Solférino* le 3 octobre suivant.

---

(1) Voir le compte-rendu de cette solennité imprimé à Lyon cette année.
(2) Ce sont les termes du décret de sa nomination, du 21 mars 1859.

Il se proposait de passer quelques jours de repos dans sa famille après une vie si utile et si agitée, lorsqu'une rougeole maligne le foudroya, à l'hôpital maritime de Toulon, le 17 janvier 1865, au moment où commençait pour lui la période la plus belle de sa carrière maritime : nous pouvons dire, avec fierté, qu'il promettait à la France l'un de ses officiers supérieurs les plus méritants et les plus distingués.

3° Louis-Henry, devenu baron Révérend du Mesnil par la mort de son frère Adrien, né le 6 mai 1840, receveur de l'administration de l'enregistrement et des domaines, aujourd'hui rentier à Marseille, marié, le 20 février 1866, à Léontine-Augustine Fonnard de la Conterie, fille de Jacques-François Fonnard de la Conterie, ancien receveur des domaines, et de Rose-Céline Haron dont il est veuf.

XII. CLÉMENT-EDMOND, VICOMTE RÉVÉREND DU MESNIL, né le 26 janvier 1832, receveur de l'administration de l'enregistrement et des domaines, juge de paix du canton de Meximieux (Ain), puis de celui de Saint-Rambert-sur-Loire, révoqué, par le Gouvernement républicain, de cette dernière fonction par décret du 16 mai 1879, membre de la Société des gens de lettres de Paris, de la Société française d'archéologie et de plusieurs Sociétés savantes, directeur de la revue mensuelle l'*Ancien Forez*, auteur de plusieurs ouvrages historiques et généalogiques ; s'est marié le 21 avril 1857 avec mademoiselle Xavérine-Hortense Hüe de la Blanche, fille de Claude-Victor Hüe de la Blanche et d'Aria-Pierrette Courtin de Neufbourg.

De cette union sont nés :

Hüe de la Blanche : *écartelé aux 1 et 4 de gueules, à trois molettes d'or et un cœur d'argent posé en abîme; aux 3 et 4 d'or, à trois écussons de gueules.*

Courtin : *d'azur, à trois croissants d'or.*

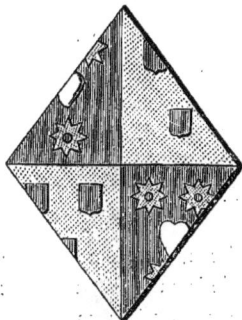

1° Victor-Henri Révérend du Mesnil, le 6 avril 1858 ;

2° Claude-Nicolas-Gustave Révérend du Mesnil, le 2 mars 1860 ;

CLÉMENT-EDMOND RÉVÉREND DU MESNIL

JUGE DE PAIX DU CANTON DE MEXIMIEUX, Membre de la Société française d'archéologie, des Sociétés littéraires, historiques et archéologiques de Lyon et de Bourg, de la Diana, Correspondant de la Société d'Émulation de l'Ain et de la Société Florimontane d'Annecy, Membre de la Société des Gens de Lettres,

3° Marie-Ernestine-Victoire Révérend du Mesnil, le 14 juin 1861 ; mariée le 4 août 1879 à Michel-Emile Blanc de Villeneuve, notaire à Saint-Rambert-sur-Loire, fils de M. Louis-Hippolyte Blanc de Villeneuve, juge au Tribunal civil de Montbrison, et de Marie-Antoinnette Crozet; d'où :

A. Louis-Antoine-Xavier, né le 8 juillet 1880.

4° Louise-Jeanne-Irma Révérend du Mesnil, le 29 janvier 1867 ;

5° Jean-François-Olivier Révérend du Mesnil, le 10 juin 1873 ;

6° Jacques-Louis-Marie-Ernest Révérend du Mesnil, le 19 septembre 1878.

APPENDICE

—

BRANCHE DE PARIS

DÉTACHÉE AVANT L'ANOBLISSEMENT D'OLIVIER LE RÉVÉREND

———

IIIᵉ degré. JACQUES LE RÉVÉREND, né vers 1540, établi comme marchand à Paris; il est rappelé avec Françoise Durand, sa femme, dans l'acte de baptême, à Falaise, d'Hirlette le Révérend, du 9 octobre 1606. Ils eurent :

1º Claude Révérend, marchand, rue Saint-Denis, époux de Marguerite le Brun (1) : il vivait en 1594 suivant le contrat de mariage d'Etienne le Roy et de Jehanne Taron, dont nous possédons l'expédition du temps dans nos archives, signée de Cothereau, notaire au Châtelet de Paris.

Claude fut père de :

    A. Jacques Révérend, marchand, époux de Geneviève Coursier.

    B. Marguerite Révérend, qui se qualifie dans une quittance du 27 août 1624, acte reçu Huart et Laurens, notaires, de « veuve de noble homme Mʳᵉ Jehan Villart, vivant conseiller du roi (2) et correcteur en la Chambre des comptes. »

———

(1) Frères et sœur : Pierre le Brun, Gilette le Brun, veuve de Francois-Guillaume Germain, *noble personne* André le Brun, commandeur de Saint-Jean de Jérusalem ; Jacquiesme le Brun, femme de Pierre le Roy, bourgeois de Paris.

Cette famille a produit Nicolas le Brun, peintre de paysages, né le 20 avril 1615, et Charles le Brun, né le 24 avril 1619 : ce dernier fut successivement valet de chambre du roi en 1646, et premier peintre du roi aux Gobelins, par brevet du 1ᵉʳ juillet 1664 ; il obtint des lettres d'anoblissement le 20 décembre 1662 et, par suite, il se qualifia « escuyer, sieur de Thionville, directeur des manufactures royales de meubles de la couronne aux Gobelins, directeur, chancelier et recteur de l'Académie royale de peinture et de sculpture, » qu'il avait établie en 1648. Il est mort sans enfants le 26 février 1667. — Extrait de l'article le Brun dans l'excellent *Dictionnaire critique* de Jal.

(2) Il avait été reçu à cet office le 27 août 1624.

2° Jacqueline Révérend, femme de Thibaud le Sueur (1), marchand,

3° Laurent Révérend, qui suivra.

IV. LAURENT RÉVÉREND, époux de Jeanne Chopin, d'où vinrent :

1° Laurent II, père de :

A. Jean Révérend, bourgeois de Corbeil, qui épousa Sébastienne le Clerc et eut :

    a. Symond Révérend; nous possédons un acte du 24 avril 1650, reçu Aubry, notaire à Corbeil, qui est une constitution par la dite Sébastienne le Clerc et sa sœur, Madeleine le Clerc, veuve de Pierre Dubois, demeurant à Paris, de 40 sols de rente à l'église de Corbeil, pour le droit de rehausser et rebâtir leur maison placée contre la dite église.

2° Jacques Révérend;

3° Jean Révérend, époux de Geneviève Laurens, père de :

B. Laurent Révérend, reçu le 2 août 1655 conseiller du roy, maison et couronne de France, sur la résignation de Gaspard le Secq : il conserva son office l'espace de vingt ans et fut remplacé par Nicolas le Messager, avocat en Parlement (2).

Il eut de sa femme, dont nous ignorons le nom :

    b. Elisabeth Révérend; elle était veuve de Jacques Hurlot, d'après un acte de partage reçu, le 28 avril 1696, par Lefébure et Mortier, notaires au Châtelet de Paris;

    c. François Révérend, marchand, bourgeois de Paris;

Il est dit « sieur de Villefontaine » dans un acte du 18 octobre 1667, au rapport de Ogier et Moufle, notaires à Paris, et demeurait rue des Prouvaires, paroisse Saint-Eustache.

Il reçut 4.000 livres pour le compte de messire Charles de Pernel, chevalier, seigneur de Montrollier et autres lieux, et dame Charlotte de Nouveau, sa femme, débiteurs, suivant obligation reçue le Semelier et de Sejournant, notaires au Châtelet,

---

(1) Cette famille compte également un homme illustre, Eustache le Sueur, baptisé à Paris le 19 novembre 1616, « peintre ordinaire du roy, de l'Académie royalle de peinture, » mort le 30 avril 1655, laissant six enfants, dont l'aîné, Eustache le Sueur, eût lui-même dix enfants, dont nous ignorons la destinée.

Parmi les œuvres de le Sueur, citons à Saint-Quentin-la-Roche, près Falaise, à l'endroit dit *la brèche au diable*, le monument élevé à la belle et spirituelle Marie Joly, épouse de M. François du Lomboy, qui se fit un nom parmi les comédiennes françaises.

(2) Tessereau, *Hist. de la grande chancellerie*, II-491.

le 8 septembre 1666, de Louis le Forguier, trésorier de la duchesse de Longueville, tutrice de « nos seigneurs les ducs de Longueville et comte de Saint-Pol, ses enfants. » Nous possédons tous ces titres dans nos archives.

François Révérend fit enregistrer à l'*Armorial général de France*, en juin 1700, des armoiries *d'or, à un léopard de gueules.*

Il vivait encore en 1721, puisque le 11 janvier de cette année, il assiste comme témoin au mariage de Villemer.

4° Claude, qui continue.

V. CLAUDE RÉVÉREND, marchand, habitant la rue Geoffroy-Langevin, paroisse Saint-Médavy, d'après une quittance, devant Desaussais et Ogier, notaires, le 15 décembre 1632, donnée à Pierre des Essarts, seigneur de Guésigny, pour une somme de 300 livres que ce dernier fut condamné à lui payer par sentence des élus du 9 novembre précédent mois.

Il est mentionné dans un autre titre du 5 mai 1635, reçu le Semelier et le Cat, notaires à Paris, également dans nos archives, comme l'un des administrateurs de la confrérie de Notre-Dame de Bon-Secours de Paris.

Il eût l'idée de faire de la faïence et de contrefaire la porcelaine, et réussit, en Hollande, à perfectionner cette industrie alors fort lucrative comme nous l'apprennent les lettres-patentes qu'il obtint du roi Louis XIV, le 21 avril 1664 :

« Louis, par la grâce de Dieu, etc..... Nostre bien amé Claude Révérend, marchand grossier (1), bourgeois de Notre bonne ville de Paris, Nous a très humblement fait remontrer qu'il a par ses peines et travaux dans ces voyages qu'il a faits en divers pays étrangers, trouvé un secret admirable et curieux, qui est de faire la faïence et de contrefaire la porcelaine aussi belle et plus, que celle qui vient des Indes-Orientales, lequel secret il a mis dans sa perfection en Hollande, où il en a fait quantité dont la plupart y est encore. Mais comme il ne peut continuer à faire ladite porcelaine sans en donner connaissance aux étrangers, de quoi ils pourraient à l'avenir se prévaloir au détriment du dit exposant, ayant jugé qu'il seroit plus à propos de communiquer son secret et en donner la parfaite connaissance aux françois qui l'ont jusqu'à présent ignoré, ce qui leur seroit un grand avantage le sachant, à cause qu'il ne se trouve personne dans Nostre royaume qui puisse faire tels ouvrages que l'exposant, lesquels nos sujets sont obligés d'aller chercher chez les étrangers, ce qui fait que l'achat d'iceux cause que les deniers sortent de la France, aussi il ne seroit pas juste ni raisonnable qu'après que le dit exposant aura mis son secret au jour, où il lui convient faire de grandes dépenses pour l'établissement de la fabrique des dits ouvrages, il fut privé de ses travaux,

(1) Marchand en gros.

si quelqu'un avoit la même faculté que lui d'en faire et d'en tirer de Hollande, ce qui causeroit sa ruine totale, c'est à quoi il est nécessaire de pourvoir.

« A ces causes, scavoir faisons, voulant faire connaître à chacun l'estime particulière que nous avons de la personne dudit Révérend, à cause de ses rares qualités et secret admirable, et désirant le favorablement traiter en considération de l'avantage que le public peut tirer de l'établissement de ladite fabrique en nostre royaume sans avoir recours aux étrangers, Nous lui avons, de Nostre grâce spéciale, pleine puissance et autorité royale, permis, accordé et octroyé, permettons, accordons et octroyons par ces présentes, signées de Nostre main, la faculté de fabriquer la dite faïence et contrefaire la porcelaine à la façon des Indes, dans Nostre ville de Paris ou aux environs, ès lieux les plus commodes qu'il jugera à propos, comme aussi de faire venir en Nostre royaume celle qu'il a faite et fabriquée en Hollande pour estre distribuée et vendue au public, en payant toutefois Nos droits pour ce dûs, et faisons très expresses inhibitions et défense, à toutes sortes de personnes, de quelque qualité et condition qu'elles soient, d'en faire fabriquer trente lieues à la ronde de Paris, ni en faire venir d'aucuns étrangers pour en vendre ni débiter autre que le dit exposant ou ceux qui auront droit de lui pendant cinquante années, à peine de confiscation des dites faïences et porcelaines, dix mille livres d'amende, moitié applicable à l'Hôpital général et l'autre moitié audit exposant pour son dédommagement, à laquelle ils seront contraints en vertu des présentes, nonobstant oppositions ou appellations quelconques, et, s'il en intervient aucunes, Nous en réservons et à Nostre Conseil la connoissance d'icelle interdisons à tous autres cours et juges.

« Si donnons en mandement au prévôt de Paris, etc...

« Car tel est Nostre bon plaisir, en témoin de quoi nous avons fait mettre Nostre scel à ces dites patentes, données à Paris, le vingt un avril, l'an de grâce mil six cent soixante quatre et de Nostre règne le vingt et uniesme.

« Signé LOUIS et sur le repli, Par le roy : de Guénégaud.

« Enregistré au greffe civil du Châtelet de Paris le 19ᵉ mai 1664. »

« La faïence de Révérend, dit M. A. Jacquemart, dans *les Merveilles de la céramique* (1), qu'on prétendait être purement hollandaise, ne fait plus doute aujourd'hui pour aucun connaisseur; deux pièces à reliefs rehaussées de rouge et d'or, appartenant à M. Patrice Salin, nous montrent certainement les commencements de la fabrication et probablement un hommage fait à Louis XIV, dont elles portent l'emblème; les autres se spécialisent par la richesse des émaux et par une série de figures surmontées d'inscriptions françaises : *la comédienne* (2), *l'officier, le marchand ambulant*, etc.; c'est parmi les ouvrages

---

(1) Troisième partie, *Occident, Temps modernes*, p. 54.
(2) Le livre de M. Jacquemart reproduit en gravure un grand plat représentant cette figure.

purement imités du style oriental qu'il devient difficile de distinguer les céramiques appartenant à Révérend de celles réellement hollandaises.

« Le potier parisien a bien sa marque qui peut servir de renseignement; mais dans notre conviction, des chiffres très voisins ont été employés en Hollande à la même époque, et cette contrefaçon de signatures était chose si commune alors que les magistrats de Delft durent y mettre ordre. Ce n'est pas tout : nous rencontrons assez souvent des faïences marquées qui ont la plus grande analogie avec les œuvres de Révérend : un service, entre autres, portait sur le marly des fleurs de lis alternant avec des lambrequins : des assiettes et compotiers bordés d'oves en relief offraient la marque ci-dessus mêlée à celle-ci : qui pourrait bien être attribuée à Révérend.

« On voit au musée de Sèvres deux grands plats décorés d'un bleu doux et bouillonné; l'un est aux armes de France, l'autre porte l'écu et le chiffre de Colbert. M. Riocreux considère ces pièces comme les ouvrages présentés par Révérend au moment où il sollicitait son privilège. Tout en nous inclinant devant la haute expérience du Nestor des études céramiques, nous ferons remarquer qu'il n'y a aucune analogie de couverts ni de ton entre ces faïences et celles signées AR. »

Dans notre collection de céramique, nous possédons cinq pièces trouvées parmi notre mobilier de famille et que nous croyons venues de notre parent Claude Révérend : ce sont quatre petites assiettes ou soucoupes hexagones et une écuelle à oreilles, à émaux riches et couleurs variées, qui rappellent son style : elles ne sont malheureusement pas signées.

BRANCHE CADETTE DE FALAISE

DÉTACHÉE DEPUIS L'ANOBLISSEMENT D'OLIVIER LE RÉVÉREND

VIe degré. Jehan LE RÉVÉREND (1), fils de Pierre le Révérend et de Marie le Court.
Il épousa en première noce Marie Bellanger (2) et eût :

1º Pierre le Révérend, baptisé le 25 octobre 1650.

Et en second mariage Marie Henry qui lui donna :

2º Madeleine le Révérend, épouse de Pierre le Compte, marchand de Saint-Martin de Condé-sur-Noireau, d'où Jean le Compte ;

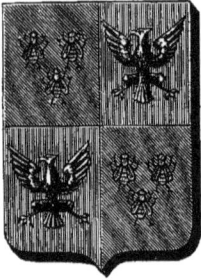

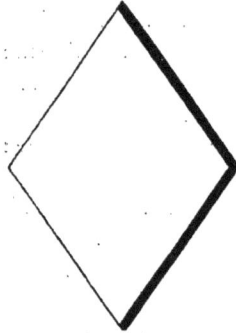

---

(1) Quoique les registres paroissiaux de Falaise remontent à 1565, son acte de baptême ne se trouve pas, non plus que celui de son frère : il dut naître à Caen ; nous n'avons aucun document qui puisse dire s'il était aîné ou cadet de son frère, baptisé le 27 novembre 1612.

M. Guyon des Diguières dans son *Histoire de Sévigné*, p. 422, donne les Bellanger de Falaise comme anoblis en 1653, dans Pierre Bellanger, sieur de la Pommeraye.

(2) L'avocat Bellanger, sieur des Fresneaux, a publié un petit volume de 200 pages dédié à M. de Marguerit, conseiller au Parlement et seigneur de Versainville et de Guibray, intitulé *le voyage de la foire de Guibray*, mais ce n'est qu'un tissu d'aventures romanesques écrites d'un style commun et sans goût ; le meilleur passage est une dizaine de pages concernant Guibray où l'auteur décrit la célèbre foire, l'une des premières de France, qui s'y tenait annuellement : « A la page 103, dit M. Galeron, l'auteur prétend que parmi les spectacles de l'une de ces foires, il s'en trouva un qu'un Italien annonçait ainsi : *La huitième merveille du monde se voit ici..... Niente se puo vedere magiore.....* Les curieux se pressaient de pénétrer dans la loge et qu'y voyaient-ils ?..... Une femme muette de naissance. Il falloit rire de la merveille, dit l'auteur, et continuer sa promenade. » Ce trait est le meilleur du livre.

Des Fresneaux est encore auteur d'un livre oublié sur l'*Eucharistie*. Sa tombe existe encore à l'église de Guibray, vis-à-vis d'une chapelle de côté, consacrée à la Vierge.

3° Anne le Révérent (*sic*) baptisée le 3 juillet 1652, femme de Charles Berthelot, lequel mourut le 24 avril 1726 ;

4° Marie Révérend, baptisée le 19 janvier 1656 ;

5° Jean le Révérend, baptisé le 9 janvier 1658, qui, de Barbe du Guay, eut :

    A. Marie le Révérend, mariée le 28 novembre 1716 à Jean-Baptiste Moignet, fils de Julien Moignet et de Jeanne Saucée ; enfants :

        a. Barbe Moignet, baptisée le 19 avril 1718, femme le 21 novembre 1743 de Jean-Gabriel Pâris, fils de Gabriel Pâris et de Marie Langénieur ;

        b. Jean-Baptiste Moignet, baptisé le 17 novembre 1720 ;

6° Charles Révérend, qui continue ;

7° Antoine Révérend, décédé le 7 août 1716.

VII. Charles RÉVÉREND, baptisé le 9 octobre 1662.

Femme, le 24 janvier 1692, Jeanne Lamy, fille de Charles Lamy et de Jacqueline Colombe, d'où vinrent :

1° Charles, qui sera rapporté après son frère ;

2° Antoine Révérend, né vers 1700, dont la postérité formera le rameau dit de la paroisse Sainte-Trinité :

VIII. Charles RÉVÉREND, II⁰ du nom, né vers 1693, époux de Jacqueline Brière ; leurs enfants furent :

1° Robert Révérend, né le 27 septembre 1712, mort le 14 octobre 1723 ;

2° Alexandre Révérend, né le 2 février 1715 ;

3° Marie Révérend, baptisée le 1ᵉʳ mars 1718, unie à Charles Labé. Fils : Jean-François Labé, le 28 mai 1746 ; sa marraine au baptême fut Marie-Madeleine Thomas de la Barberie ;

4° Noël-François Révérend, baptisé le 17 novembre 1719 ;

5° Pierre Révérend, né le 6 septembre 1720, inhumé le 30 décembre suivant ;

6° Jeanne Révérend, née le 30 octobre 1722 ;

7° Anthoine Révérend, né le 10 mars 1725 ;

8° Charles Révérend, ci-après, p. 52.

RAMEAU DE LA PAROISSE SAINTE-TRINITÉ

VII. ANTHOINE RÉVÉREND, né vers 1686, du mariage de Jehan Révérend le jeune et de Marie Henry : il épousa Perrine Cellier et en eût :

1° Pierre Révérend, inhumé le 7 août 1716, âgé de 10 ans;

2° Jean Révérend, marié en 1738, à Françoise Noël, de laquelle :

A. Gabriel Révérend, inhumé le 6 juin 1749, à l'âge de 10 ans;

3° Catherine-Charlotte Révérend, née le 31 mars 1720, mariée, le 15 avril 1749, à François le Maître, fils de Jacques et de Jeanne le Hairé : présence de Nicolas Révérend, son frère. Elle mourut le 28 mars 1756;

4° Jacques-François Révérend, né le 30 octobre 1722,

5° Antoine Révérend, né le 1er février 1736.

VIII. NICOLAS RÉVÉREND, époux de Marie-Charlotte Gauthier, qui décéda le 26 septembre 1786 ayant eu :

1° Marie-Madeleine Révérend, née le 8 octobre 1733;

2° Magdeleine Révérend, née en 1734, inhumée le 22 novembre 1759;

3° Françoise-Charlotte-Marguerite Révérend, née le 1er octobre 1735, inhumée le 10 mai 1739;

4° Jean-Jacques Révérend, né le 3 août 1744 : il est possible que sa postérité subsiste encore à Falaise, car l'on trouve, à la date du 4 septembre 1832 le « décès de Révérend, Louis-François-Joseph, chirurgien, époux de Jeanne-Françoise-Victoire Cauvigny, 56 ans, fils de feu Joseph Révérend et de feue Marie-Françoise Chevalier. »

RAMEAU DE TOURAINE

IX. CHARLES RÉVÉREND, IIIe du nom, époux de Renée Moulin (1), d'où :

X. PHILIPPE-NOEL RÉVÉREND, né le 19 avril 1776 à Bailleul (Orne), marié 1° le 16 pluviôse an XIII (7 février 1805) à Louise-Eléonore Quillet, d'où :

1° Philippe, qui formera le onzième degré ;

Et en 1807, à Adélaïde Genevier, de laquelle sont venus :

2° Charles-Noël Révérend, né le 14 août 1808, propriétaire à Taussigny, marié en 1842 à Augustine Boyer, de laquelle il a eu :

    A. Augustine Révérend, née en décembre 1843 ;

    B. Charles-Noël Révérend, né en février 1848 ;

3° Jules-Séverin Révérend, né le 25 septembre 1818, époux, le 16 août 1843, de Julie-Euphrosine-Bernard Deschamps, d'où :

    C. Albert-Marie Révérend, né le 3 août 1844, membre de la Société archéo-
        logique de Touraine ;

    D. Jules-Marie Révérend, né le 22 août 1846 ;

    E. Gabriel-Marie Révérend, né le 26 juillet 1852.

XI. PHILIPPE-PIERRE-ANDRÉ RÉVÉREND, né le 28 juillet 1806, maire de la Celle-Saint-Avent, a épousé, le 25 juillet 1830, Anastasie Huet ; quand il est mort le 9 mars 1874, il a laissé :

1° Pierre Révérend, né le 24 juin 1840 ;

---

(1) Voyez l'*Armorial de Touraine*, par M. Carré de Busserole, p. 829. — Renée Moulin était fille, à ce que nous croyons, d'Antoine Moulin de Grandchamp, second avocat du roi et second procureur du roi de police en 1735.

2° Félicie Révérend, mariée en 1854, à Gustave Yvert, avoué à la Rochelle; d'eux sont issus :

    A. Denise-Félicie-Pauline-Marie Yvert, femme, le 5 août 1879, de Léon Dyon, lieutenant de vaisseau ;

    B. Louise-Nina Révérend, unie, le 4 février 1880, à Alfred Giraud, notaire à Dompierre-sur-Mer ;

    C. Charles Révérend, IVe du nom.

3° Amélie Révérend, mariée en 1857 à Marcel Yvert, notaire à Chauvigny, actuellement habitant Poitiers; fille :

    D. Amélie Révérend.

PIÈCES JUSTIFICATIVES[1]

I

LE RÉVÉREND

Première feuille :

GUILLᵉ LE RÉVÉREND, sᵍʳ du parc de Bougy, par acquiest anobly 1570, natif de Caen, et deffendit la ville estant échevin pendant la révolte, espousa Dᵉˡˡᵉ Jeanne Gondouën.

ANNE, fᵉ de Tho. le Haguais.

Deuxième feuille :

PASQUET LE RÉVÉREND, fameux hostelier à Caen, où quand on veut injurier un hᵉʳ qui fait le preux et l'entendu, on l'apelle *Paquet le Révérend*.

OLIVIER LE RÉVÉREND obtint lettres de noblesse vérifiées en Normandie en la Chambre des comptes et Cour des aides, esp. : 1º Anne Gondarin ; 2º N. de Casaignes, S. E.	N., LE RÉVÉREND, esp. N. Fontaines.	N., LE RÉVÉREND, esp. N. le Hallé.

MICHEL LE RÉVÉREND, sᵍʳ de Bougy, eschevin de la ville de Caen, esp. Judith le Gabilleur, fᵉ de Thomas, sʳ de la Commune, et de Blanche de Bomxérin.	FRANÇOIS LE RÉVÉREND, sᵍʳ de Calix, l'un des capⁿᵉˢ de la ville de Caen, commʳᵉ ordʳᵉ des guerres, receveur gʳᵃˡ du taillon et l'un des fondateurs de la Chapelle des Deux aux Cordeliers.	ANNE, esp. Thomas le Hupuade, conᵉᵘʳ au grenier à sel, recev. dn taillon e.1 l'élection de Caen et l'un des capⁿᵉˢ dicelle ville.

THOMAS LE RÉVÉREND, sᵍʳ de Basly.	FRANÇOIS LE RÉVÉREND, sʳ de la Comté, mort en Hollande portant les armes.	MICHEL, sᵍʳ de Cali, qui est mᵗ l'abbé de Bougy.	JEAN LE RÉVÉREND, sᵍʳ de Bougy, marᵃˡ des camps. et armées du Roy.	N. LE R., fᵉ de Jean Néel, sʳ du Manoir, greffier au bureau des fin. estably à Caen.	N., fᵉ de Thomas le Picard, cˡᵉʳ à Caen.	FRANÇOISE, morte fort accomplie et scavante.	MARIE, fᵉ de Thobie. Barberie, etc.	N., mariée à Bayeux.	N., mariée à Allançon.	N., à marier.	N., morte.

L'an mil huit cent soixante et un, le mardi dix décembre, ces présentes ont été par moi Jules-Alexandre-Jean-Baptiste-Henri POTIER, notaire à Paris, soussigné, collationnées à la Bibliothèque Impériale, sise à Paris, rue de Richelieu, nº 58, sur l'original du manuscrit ci-dessus transcrit, déposé à la dite Bibliothèque, dans le cabinet des Titres, série des Mémoires généalogiques au nom RÉVÉREND (LE), à moi représenté par M. le Conservateur Sous-Directeur au Département des manuscrits et à lui à l'instant rendu, et délivrées pour servir et valoir ce que de droit. *Signé :* POTIER.

(Timbre sec.)

(Cachet.) Vu pour légalisation de la signature de Mᵉ Potier, notaire, par nous, Juge, pour l'empêchement de M. le Président du tribunal civil de première instance de la Seine, le onze décembre 1861.
Signé : DE LA BOULAYE.

2.20 Enregistré à Paris, 8ᵉ bureau, le onze décembre 1861, fº 97, vº, c. 2. Reçu deux francs, 10ᵐᵉ vingt centimes.
Signé : . . . . .

---

(1) Il nous est impossible de publier sous ce titre les nombreux extraits des registres protestants ou des registres paroissiaux sur lesquels est établie en grande partie la filiation des diverses branches du nom de Révérend : il est suffisant que nous ayions indiqué les dates partout où il a été possible de les rencontrer.

II

LETTRES D'ANOBLISSEMENT D'OLIVIER LE RÉVÉREND

HENRY PAR LA GRACE DE DIEU ROY DE FRANCE ET DE NAVARRE a tous presens et advenir salut. Les Roys nos predecesseurs et nous avons tousjours eu ung singullier soing de remeunerer en honneur et bienffaictz les personnes qui par leur vertu sen sont renduz dignes et recommandables par les signallez services qu'ilz ont faictz a ceste couronne et a la chose publicque a lexemple desquelz plusieurs estans poussez de mesme zelle ont rendu preuve et suffisant tesmoignage de la singulière affection quilz avoient a nous et au bien de cest estat et divers actes sellon que les occasions sen sont presentees pour lesperence du loyer qui leur estoit propose, et soit ainsy que nostre bien ame OLLIVIER LE REVEREND sieur et patron de Bougy a en ces presens troubles et division qui se sont esmeuz par noz subjectz mal affectionnez en cest estat, montré lentière devotion et affection quil a au bien de nostre service et du publicq s'estant par ung continuel soing et vigillance quil a rendu en nostre ville de Caen delaquelle il a este echevin, employe a la conservacion de nostre dicte ville en nostre obeissance et avec signallez services quil nous a faictz, scavoir faisons que nous voulans a ceste occasion le faire ressentir de ses services et luy tesmoigner et a sa posterite le contentement qui nous en demeure pour ces causes et aultres bonnes consideracions a ce nous mouvans avons icelluy le Reverend et ses enffans posterite et lignee naiz et a naistre en loyal mariage de nostre grace specialle plaine puissance et auctorite roïal anobly et anoblissons, et du tiltre de noblesse decore et decorons voulons et nous plaist quen tous actes lieux et endroictz tant en jugement que dehors ilz soient dorenavant tenuz censez et repputez pour nobles et puissent porter le tiltre descuier et jouissent de tous honneurs previlleges franchises, libertez et immunitez dont jouissent et ont accoustume jouir les aultres nobles de ce Roiaume extraictz de nobles, et antienne race et comme telz ilz puissent acquerir, et posseder tous fiefz arriere fiefz terres seigneuries et pocessions nobles, et diceulx a quelque nom tiltre, et quallite

quilz soient ensemble de ceux quil a desja acquis et qui luy pourroient escheoir et advenir par droict successif jouir et user plainement et paisiblement tout ainsy que sy danciennete ilz estoient nez et extraictz de noble lignee sans quil soit ou puisse estre contrainct en vuider ses mains ny pour raison de ceste grace speciale paier a nous ny a noz successeurs aucune finance ou indempnite delaquelle a quelque somme valleur ou estimacion quelle soit et se puisse monter nous avons au dict Reverend en faveur de ce que dessus faict et faison don par ces presentes signees de nostre main ayant a icelluy et a sa posterite et de nostre plus ample grace permis et accorde permetons et accordons quilz puissent dorenavant porter partout ou bon leur semblera le tiltre et armoiries telles quelles sont cy empreintes et icelles eslever et mectre par touttes leurs seigneuries et tout ainsy et par la forme et maniere que sont accoustume faire les aultres nobles de ce Royaulme. Si donnons en mandement a noz amez et feaux les gens de nos comptes et court des Aydes en Normandie présidens et tresoriers generaulx de France au dict Caen bailly du dict Caen ou son lieutenant et a tous noz aultres justiciers et officiers quil appartiendra que nos dictz presents grace anoblissement et de tout le contenu cydessus ilz facent souffrent et laissent le dict le Reverend ses enffans posterite et lignee naiz et a naistre en vray et loïal mariage jouyr et user plainement et paisiblement cessant et faisant cesser tous troubles et empeschemens au contraire lesquelz sy faictz mis ou donnez luy estoient le facent mettre a plaine et entiere delivrance et au premier estat et deu. Car tel est nostre plaisir nonobstant quelzconques eedictz ordonnances restrinctions mandementz, deffences et lectres a ce contraire, ausquelles et a la desrogatoire de la desrogatoire dicelles nous avons deroge et derogeons par ces presentes, et affin que ce soit chose ferme et stable a tousjours nous avons faict mettre nostre scel a ces presentes, sauf en aultres choses nostre droict et laultruy en toutes. Donne a Paris au mois de septembre lan de grace mil cinq cens quatre vingt quatorze et de nostre regne le sixiesme signe HENRY et sur le reply par le Roy signe RUZE ung paraphe et a coste visa plus sur le dict reply est escript Expediees en la chambre des comptes de Normandie et registrees au registre des chartes de ce temps moiennant la somme de trente escus sol paiee par limpetrant et qui convertie a este en aumosne suivant larrest de la dicte chambre de ce jour faict au bureau de lordonnance de messieurs le dixiesme jour de Fevrier lan mil cinq cens quatre vingt quinze signe DE SAINCT-YON, ung paraphe et scellez sur double queue en lacz de soye rouge et verte de cire vert et sur le dict reply est escript Enregistrees en la cour des Aydes en Normandie cejourdhuy quatorziesme de mars mil cinq cens quatre vingt quinze suivant larrest dicelle du dict jour et aux charges y contenues sans que larrest dicelles faicte en la chambre au devant de la dicte cour puisse prejudicier a la preceance adjugee a icelle contre la d. chambre des comptes par arrest du conseil prive en jugement contradictoire le xxme jour de Janvier mil cinq cens quatre vingt trois, signe DU FOUR.

HENRY PAR LA GRACE DE DIEU ROY DE FRANCE ET DE NAVARRE a noz amez et feaulx conseillers les gens tenans nostre cour des Aydes en Normandie salut nous avons au mois de septembre dernier octroie a nostre cher et bien ame Olivier le Reverend sieur et patron de Bougy nos lectres patentes en forme de chartre danoblissement pour luy sa posterite pour plusieurs bonnes considerations contenues aus dictes lectres lesquelles il desiroit vous presenter pour estre par vous veriffiees mais il doute que fessiez difficulte proceder a ladicte verification dautant que par erreur inadvertance ou aultrement elles auroient este premierement veriffiees a nostre chambre des comptes qu'a vous nous requerant humblement sur ce luy pourveoir nous a ces causes luy voulans subvenir en cest endroict vous mandons et commandons par ces presentes que vous estant loriginal desd. lectres representees vous aïez a proceder a la verification intherinement dicelles selon leur forme et teneur sans vous arrester ny avoir esgard a ce que la dicte erreur vice de clerc ou aultrement elles auroient este premierement adressez a nostre dicte chambre qua vous que ne voulons aucunement prejudicier aux preminances atribuees par arrestz donnez en jugement contradictoire de nostre conseil destat entre vous et nostre dicte chambre des comptes, ne nuire ny prejudicier au dict suppliant en aucune maniere, ains len avous relleve et dispence relevons et dispensons de grace special par ces presentes Car tel est nostre plaisir. Donnees à Sainct-Germain-en-Laye le cinquiesme jour de Novembre lan de grace mil cinq cens quatre vingt quatorze et de nostre regne le sixiesme et au desoubz est escript, par le Roy en son conseil signe Bonnet ung paraphe et scellez sur simple queue de cire jaulne.

> *Pour expédition conforme à la minute déposée aux Archives de la Préfecture du département de la Seine-Inférieure (Collection des Mémoriaux de la Cour des Aydes de Normandie, année 1594, fol. 280, vᵒ), délivrée à Monsieur Clément-Edmond Révérend du Mesnil, juge de paix du canton de Meximieux (Ain), Par Nous, secrétaire général,*

Rouen le 12 septembre 1872.

Signé : De Ravinel.

Collationné par l'archiviste soussigné,

Signé : Ch. de Beaurepaire.

Sceau avec la légende :

République française.
Préfecture
de la
Seine-Inférieure.

III

RECHERCHE DE ROISSY

(*Archives nat. MM 700 bis.*)

Registre des personnes qui se sont trouvées nobles aux neuf élections de la généralité de Caen sur la visite de leurs titres et renseignements qui en a été fait par messire Jean-Jacques de Mesmes, chevalier, seigneur de Roissy, conseiller du roy en ses conseils d'Etat et premier maître des requêtes ordinaires de son hôtel, messire Michel de Ropichon, conseiller du roy et président au bureau des trésoriers de France à Caen, et messire Jacques de Croismare, seigneur de Bascot, conseiller du roy en sa cour des Aydes de Normandie, commissaires députés par Sa Majesté pour le régallement des tailles et information des abus commis au fait des finances, aydes et gabelles et usurpation du titre de noblesse aux années 1598 et 1599.

Du mercredi 7 juillet 1599.

Fᵒ 108, nᵒ 1015. Le Révérend Olivier, sieur de Bougy, anobly pour mérite et service, par charte de septembre 1594, registrée aux Comptes le 10 febrier et aux Aydes le 14 mars 1595, sans indemnité, demeurant à Caen,

A de fils : François, Michel et Louis.

A la fin du registre est écrit :
> *Collationné à l'original par Laigneau, greffier des commissaires, soussigné avec une paraphe.*

(*Signé*) : Laigneau, greffier.

CALONGES

IV.

LETTRES PATENTES

PORTANT ÉRECTION EN MARQUISAT DE LA TERRE DE COLLONGES AU DUCHÉ DE GUIENNE

EN FAVEUR DE

JEAN-JACQUES LE RÉVEREND DE BOUGY

(*Archives nationales.* — *Chambre des Comptes de Paris.* — *Anc. Mémorial*, 7 S., fol. 400. — *Reg. P.* 2382, page 341.)

LOUIS PAR LA GRACE DE DIEU ROY DE FRANCE ET DE NAVARRE a tous presens et a venir salut. La longue guerre que Nous avons soustenue contre l'Espagne et les agitations de notre Royaume nous ayant donné lieu d'esprouver nos bons et fideles sujets nous avons toujours cru à l'exemple des Rois nos prede-cesseurs estre obligez de distinguer du commun par des nouveaux titres d'honneur ceux qui s'en estoient dejà distinguez par un merite extraordinaire et qui joignoient à leur noblesse autant de valleur que de zèle et d'affection pour nostre service, entre lesquels nous faisons une estime tres particulière de feu nostre tres cher et tres amé JEAN LE REVEREND sieur de Bougy, vivant lieutenant général de nos camps et armées, gouverneur de notre ville de Chateau-Portien en Champagne, de Cadaquier en Catalongne et maitre d'un regiment de cavalerie et d'un autre d'infanterie, car ayant marché sur les traces de ses ancêtres, il a commencé de sa plus tendre jeunesse à porter les armes dans nos troupes et passant par tous les ordres de la guerre ne desdaigna pas les moindres emplois qui pouvoit (*sic*) le rendre capable de plus grands ; pour cet effet il servit premierement en qualité de simple soldat au régiment de nos gardes, puis en qualité de cornette et ensuitte de capitaine de chevaux legers apres quoi il fut fait maitre de camps et lieutenant général de nos armées, se trouva en Lorraine, en Allemagne, en Flandres, en Italie, et dans notre Royaume aux plus remarquables occasions et à un très grand nombre de sièges, entre autres à ceux de Pisamberg, Boulas, Crusnack, Binguen, Landrecy, Chateau-Cambresis, Maubuge, Aire, Lislers, La Bassée, Bapaume, Gravelines, Bourbourg, Mardik, Montcastel, Bethune, Armentières, Meurin, La Motte-aux-Bois, Comines, Saint Venant, Lens, Courtray, Bergues, Dunkerque, Cremone, Cambray et Rethel, et ensuite à celui de Chasteau-Porcien où il commandoit nos troupes en chef, ce qui nous obligea après la prise de la place à luy en donner le gouvernement ; accompagna et seconda durant plusieurs années feu nostre cousin le mareschal de Gassion en la pluspart de ses belles et grandes actions entre autres à la bataille de Rocroy où commandant la compagnie des gensdarmes dudit mareschal, il fust blessé d'un coup de mousquet qui lui fracassa tout le pied, ce qui ne l'empecha pas toutesfois d'entrer dans un bataillon des ennemis où il eust son cheval tué soubz luy de coups de piques et d'epées ; a servi tres dignement encore en lannée mil six cens cinquante en Picardie où il se jetta dans la ville de Saint-Quentin avec cinq cens chevaux et par ce moyen rompist le dessein que les Espagnols avoyent sur cette place qui estoit en grand danger, même lorsqu'ils assiègerent ensuitte notre ville de Guise, ladvis qu'il donna de poster douze cens mousquetaires dans les bois pour oster le passage des vivres aux assiégeants et l'addresse avec laquelle il executa luy, mesme cette hardie entreprise ne contribua pas peu a une action aussy glorieuse pour noz armes que fust la levée de ce siège ; toutes lesquelles marques de sa fidelité de sa valeur et de son experience au fait de la guerre nous obligèrent durant les mouvements de nostre Royaume de le choisir pour commander en chef les troupes qui demeuroient auprès de nostre personne, de quoy il sacquitta si heureusement qu'apres avoir battu celles de nos subjets rebelles qui vouloient luy empescher le passage de la Loire à la Charité et estant entré dans le Berry, il contraignist leurs chefs d'abandonner nostre ville de Bourges où nous fumes reçus peu de temps après et de se retirer à Mouron et de là en Guyenne où il eust encore ordre de nous de les poursuivre soubz la conduitte de feu nostre cousin le comte d'Harcourt lequel luy ayant permis d'aller avec cinq cens chevaux passer la rivière de Née en Xaintonge et une grande estendue d'eaux et de marestz tres dangereux derrière laquelle estoyent leurs troupes au nombre de plus de quatre mille chevaux et cinq mille hommes de pied, il enleva au milieu d'elles deux de leurs principaux quartiers et ramena près de cinq cents cavalliers ou officiers prisonniers ; ensuitte de quoy il se signala encore par la prise du Mas d'Agenois qu'il fist avec trois cens hommes seulement bien qu'il y en eust quatre cens dedans les ayant surpris de nuit et entierement deffaitz ; comme aussy a la retraite de Saint-Andras où il fist recevoir un grand échec aux trouppes de nosdits subjets rebelles et en toutes les occasions de cette guerre, en l'une desquelles estant lieutenant general de noz armées, après avoir combattu vaillamment jusqu'a l'extremité il fust fait prisonnier, sans que durant vingt années il eust jamais discontinué le service actuel sinon quand il y estoit contraint pour se faire traiter de blessures qu'il receust en grand nombre particulièrement de cinq coups de mousquetz dont les cicatrices estoyent autant de glorieuses marques de son courage, et pendant tout ce temps là, n'ayant pas une moindre opinion de sa prudence que de sa valeur, nous l'employasmes aussy en plusieurs importantes negociations et en particulier auprez du duc de Modène lorsqu'il se declara pour nous et joignist son armée à la nostre en l'année mil six cens quarante huit. Tant de grands et signales services ayant mérité de Nous beaucoup de recongnoissance nous crusmes luy en debvoir donner quelque marque durable qui en rendist temoignage et a notre siecle et à la posterité ; et dans ce dessein nous fismes expedier nos lettres pour eriger en marquisat la terre de Bougy qui luy appartenoit et dont il portoit le nom ; cependant comme cette terre ne releve pas immediatement de No us, mais de plusieurs seigneurs particuliers nostre grace est demeurée sans effect a cause des difficultés inombrables qui se sont trouvées a l'enregistrement desdites lettres, de sorte que Jean-Jacques le Reverend sieur de Bougy son fils unique ne pouvant espérer de s'en prevaloir, notre chere et bien amée damoiselle Judic de la Chaussade de Callonges tante et tutrice dudit pupille nous a tres humblement supplié qu'en continuant au fils d'un pere qui nous estoit si cher nostre Royalle protection il nous plust transporter à la terre de Callonges qui lui estoit echue par le deceds de damoiselle Marie de la Chaussade de Callonges sa mere le titre dignité et preeminence de marquisat que celle de Bougy n'a pu porter parceque ladite terre de Callonges releve immediatement de nous a cause de notre duché de Guyenne, en toute justice haute moyenne et basse avec de tres beaux droits seigneuriaux, qu'elle est de beaucoup plus grand revenu, beaucoup mieux bastie et meme qualifiée baronnie dans les anciens hommages qui en ont esté rendus aux Rois noz predecesseurs et qu'ainsy rien ne scauroit empescher l'enregistrement de noz lettres ny que le desir que nous avons d'honorer la memoire de ce fidele subject dans ses descendans n'ait son plein et entier effect, à quoy nous inclinons d'autant plus volontiers que cette occasion Nous donne lieu de recongnoistre en même temps le mérite et les services de feu Jacques de la Chaussade vivant baron dudit Callonges et maitre de camp d'un regiment de infanterie pour notre service près des sieurs les Etats généraux des Provinces Unies lequel estant sorti d'une antienne et illustre maison de notre duché de G uienne s'est rendu considerable par sa valleur et experience dans la guerre, et par un grand nombre d'actions glorieuses particulierement dans le mouvement arrivé en notre dite province de Guienne soubz le gouvernement de feu nostre oncle le duc d'Epernon durant lesquels en deux diverses occasions il mena a notre dit oncle un secours considerable de noblesse volontaire qui lauroit chosy pour la commander sur la conguoissance qu'elle avoit de sa conduitte, de son zele et de sa fidelité à notre service ce qui ne contribua pas peu à maintenir notre autorité et à reprimer les factieux; il eust aussy l'honneur à la bataille Daven de prendre le canon des ennemis apres les avoir enfoncez et rompus avec son regiment de vingt compagnies, et afin que sa gloire ne fust pas bornée par les frontières de ce Royaume il suivit notre cousin le duc de Candalle en Turquie pour faire la guerre aux ennemis communs du nom chrestien où il appliqua le petard aux portes d'Agleman et entra des premiers dans cette place après s'estre signalé en plusieurs autres rencontres; Sçavoir faisons que Nous, pour ces causes et autres bonnes considerations a ce Nous mouvant et de notre grace specialle, pleine puissance et autorité royalle, au lieu de ladite erection en marquisat de la terre de Bougy en Normandie dont les lettres demeureront nulles et comme non advenues, nous avons ladite terre de Callonges avec son chateau et ses dependances créé érigé et eslevé, créons, erigeons et eslevons par ces presentes siguées de nostre main en titre dignité et préeminence de marquisat sous le nom de Callonges pour en jouir et user à l'advenir par ledit Jean-Jacques de Bougy fils du feu sieur Jean de Bougy et petit-fils et unique heritier dudit feu sieur Jacques de la Chaussade baron dudit Callonges et par ses successeurs masles en loyal mariage audit titre et dignité de marquisat avec tels et semblables droits d'armes et blasons, autorités prerogatives et preeminences en fait de guerre, assemblées de noblesse et autres dont jouissent et ont accoutumé de jouir les autres marquis de notre Royaume et relevans dudit duché de Guienne, et comme s'ils estoient et plus particulierement exprimés; Voulons et nous plaist que tous les vassaux arrières vassaux et autres tenans et relevans noblement ou roturierement de ladite terre et marquisat de Callonges fassent à l'avenir leurs hommages, baillent leurs aveux, denombrements et déclarations sous ledit titre de marquisat sans neantmoins estre obligez a autres plus grandes charges et devoirs que ceux qu'ils doivent à present, a la charge par ledit sieur marquis de Callonges et ses successeurs de tenir et relever ledit mar-quisat de nous et de notre couronne a cause de notre dit duché de Guyenne sans innover aucune chose aux droits et devoirs à nous deubz, et aussy sans qu'a defaut de descendants masles, nous ni nos successeurs Rois puissions pretendre aucuns droit de reunion, proprieté et reversion de ladite terre et marquisat de Callonges suivant l'ordonnance du mois de juillet mil cinq cens soixante six et autres sur l'erection des marquisats et dignitez à quoy nous avons expressement renoncé et renonceons pour nous et nos successeurs Rois et sans laquelle clause ladite damoiselle de Callonges n'auroit accepté notre presente grace pour ledit sieur marquis de Callonges son pupille; mais seullement audit cas de deffaut de descendans masles ladite terre de Callonges retournera en son premier etat et tiltre comme elle estoit avant ces presentes; Si donnons en mandement a noz amez et feaux les gens tenans notre Chambre des Comptes à Paris, Presidents Tresoriers de France et Generaux de nos Finances audit Bourdeaux, Baillif, Seneschaux, Prevosts, leur Lieutenans et autres nos justiciers et officiers qu'il appartiendra que ces presentes lettres de creation dudit marquisat ils fassent lire, publier et enregistrer et de tout le contenu cy dessus jouir et user ledit Jean-Jacques de Bougy ses successeurs et ayans cause pleinement paisiblement et perpetuellement cessant et faisant cesser tous troubles et empeschements au contraire, nonobstant laditte ordonnance de mil cinq cens soixante six et autres qui la confirment, arrêts et reglements, coustumes et autres choses à ce contraire ausquelles et aux derogatoires des derogatoires y contenues nous avons derogé et derogeons par ces presentes. Car tel est nostre plaisir; et afin que ce soit chose ferme et estable a tousjours nous avons fait mettre notre scel a ces dittes présentes sauf en autre chose notre droit et l'autruy en toutes. Donné a Paris au mois de novembre l'an de grace mil six cens soixante sept et de notre Regne le vingt cinquième, signé Louis, et sur le repli par le Roy le Tellier, visa Seguier pour servir aux lettres d'erection de la terre de Callonges en dignité de marquisat et scellé du grand sceau de cire verte en las de soye rouge et verte. Et sur le reply est encore écrit, registrées en la Chambre des Comptes ouy le procureur general du Roy pour jouir par l'impetrant et ses successeurs masles en loyal mariage de l'effet et contenu en icelles selon leur forme et teneur, aux charges portées par l'arrest sur ce faist le neuvieme jour de septembre mil six cent soixante neuf, signé Guitonneau.

Collationné par nous conseiller maître à ce commis.

(*Signé*) : COUSINET.

Vu et collationné,
Le sous-chef de la section administrative,
Signé : ROCQUAIN.
Vu et collationné,
Le sous-chef de la section historique,
Signé : DEMAY.

Timbre sec.
Cachet avec la légende :
RÉPUBLIQUE FRANÇAISE
ARCHIVES NATIONALES.

La présente expédition collationnée et visée par les deux chefs de section dont les signatures sont ci-contre, et par eux trouvée conforme au registre authentique, qui est déposé aux Archives Nationales, section administrative, partie domaniale, série P nᵒ 2382, pages 341 et suivantes (Ancien Mémorial sept S, folio 400), a été délivrée par nous Directeur général des dites Archives, pour servir et valoir ce que de raison.

En foi de quoi, nous avons signé la dite expédition et y avons fait apposer le sceau des Archives.

Fait à Paris le vingt-six juillet mil huit cent quatre-vingt-un.

Le Directeur général des Archives Nationales,
Alfred MAURY.

V

REVEREND
—
Juin 1700
—
MEMOIRES
de
Mʳ BAUTIN
—

(*Timbre du cabinet de M. d'HOZIER*)

La fam. Barberie de St-Contest a donné plus. conseill. au parlt. de Paris.

Claude Reverend mᵈ rüe St Denis ep. Marguerite le Brun, dont Jaques mᵈ qui ep. Genevieve Coursier et Margᵗᵉ feme de Jean Veillard correcteur des comptes, il etoit frère de Jaqueline feme de Thibaut le Sueur mᵈ et de Laurent qui ep. Jeanne Chopin, dont Laurent, Jaque, Jean et Claude Reverend.

ALLIANCES DES RÉVÉREND DU MESNIL

DEPUIS LE XVIII SIÈCLE

DEPUIS LE XVIIIᵉ SIÈCLE

I

CAPELLE

FRANÇOIS CAPELLE, apothicaire à Falaise, auteur de l'ouvrage approuvé par l'Académie des sciences : *Epreuves faciles à tout monde sur les sels qui sont le plus en usage en médecine pour distinguer les bons des mauvais* : dans un but de philanthropie, le vendait *six sols*. — Il mourut le 13 octobre 1772.
Marié à Jacqueline *Révérend*, morte le 5 octobre 1761.

CHARLES CAPELLE, né le 29 mai 1718, maître apothicaire, épousa le 21 janvier 1750, Marie-Charlotte Foucher, fille de Louis-Jean F., procureur au bailliage, et de Catherine Filleul, m. le 14 octobre 1772.

FRANÇOIS CAPELLE, né le 4 juin 1722, prêtre, m. le 7 avril 1771.

SUZANNE CAPELLE, née en 1715, ép., le 6 février 1736, Jacques-Nicolas Libert, sr des Longschamps, notaire à Bazoches, fils de Charles Libert et de Jacqueline Leclerc : elle mourut le 21 décembre 1770.

LOUIS-CHARLES-JACQUES CAPELLE, né le 8 avril 1751.	SUZANNE-FLORENCE-VICTOIRE-SOPHIE-ADÉLAÏDE CAPELLE, née le 10 mai 1756.	MARIE-FRANÇOISE CAPELLE, née en 1758, mariée à Jacques-Philippe Tarlé, marchand quincaillier, fils de Philippe Tarlé, maître fondeur d'or et d'argent, marguillier de l'église Sainte-Marie-Magdelaine de Paris, et de Marie-Magdelaine Morend.	LOUIS-FRANÇOIS-AUGUSTE CAPELLE, maître apothicaire, puis docteur-médecin, épousa Aimée Le Bachelier.	JACQUES-NICOLAS-LAURENT LIBERT, sieur des Longchamps, connseiller du roi, sénéchal juge conservateur des foires et privilèges de Guibray, puis en 1792 administrateur du directoire de Falaise, ép. Louise-Charlotte-Cénée.	SUZANNE-FRAN-ÇOISE-JACQUELINE LIBERT, bapt. 20 septembre 1739, ép. François-Louis du Val de Haut-Bois. — Morte le 9 mars 1770.	RÉNÉE-CHAR-LOTTE LIBERT, née le 11 mars 1747.

CHARLES-PHILIPPE TARLÉ, né le 26 avril 1779.	JULIE-ADÉLAÏDE CAPELLE, née le 30 mai 1779	VICTOIRE-RO-SALIE LIBERT, ép. 17 janvier 1792 Philippe Loriot, fils de Jean-Charles Loriot, négociant, et de Marguerite du Donet.	JEANNE-CONS-TANCE LIBERT, née 28 décembre 1776, ép. Auber de. la Butte	LOUISE-JACQUELINE-ANGÉLIQUE DU VAL DE HAUT-BOIS, ép. 7 août 1781 Jacques-Marin de la Planche, fils de Thomas, et de Marie Allain, Bourgeois de Caen.

LORIOT, mariée à Michel Guérard, fils de Françs-Guérard-Valdorne, cons. des hypothèques à Argentan.

AUBER DE LA BUTTE, ép. Marie Darodes de Tailly.

AUGUSTE-LAURENT GUÉRARD-VALDORNE, prop. à Paris, . Esther-Aimée Gigon de la Bertrie.

ANNA-LAURENCE GUÉRARD-VALDORNE ép. Ennemond-Louis Mannoury de Croisilles, anc. off. d'artillerie, maire d'Argentan.

Lse-A. MANNOURY DE CROISILLES ép. Georges Ginoux de Fermon.

RAOUL | CHARLES | GEORGES | EMMA.

II

ROSSIGNOL

———

DENIS ROSSIGNOL, sieur DU VAL-CORBET, procureur au bailliage et vicomté de Falaise, fils de Denis et de Marie-Magdeleine Faucillon, ép. le 17 mai 1736, Jeanne-Françoise *Révérend*.

FRANÇOISE ROSSIGNOL ép. Louis-Philippe Grandin de la Gaillonnière, fils du second mariage de Louis-Philippe, lieutenant de cavalerie, et de Marie-Suzanne Pouchet, Secrétaire général de la noblesse du baillage de Caen.

ROSSIGNOL, ép. de M. Formage-Beauval, décédée le 5 avril 1755 au château de Carel.

LOUISE-ÉMILIE GRANDIN DE LA GAILLONNIÈRE, mariée le 5 vendémiaire an V, à Jean-Baptiste de Brébisson.

LOUIS-ALPHONSE DE BRÉBISSON, né en 1798, célèbre naturaliste, auteur de la *Flore de Normandie*, marié en 1827 à Mélite-Henriette Gaudin de Villaine.

MARIE DE BRÉBISSON ép. le 31 janvier 1856 Ernest-Marie de la Broise, mort le 12 décembre 1859.

LOUISE-AUGUSTINE-JEANNE DE BRÉBISSON, ép. le 31 janvier 1856 Henry-François de Lénez de Cotty de Brécourt, général de brigade.

RÉNÉ SYLVAIN DE BRÉBISSON, né le 20 août 1840, mort jeune.

MARTHE DE LA BROISE.

PAUL DE LÉNEZ DE COTTY DE BRÉCOURT.

HENRIETTE DE LÉNEZ DE COTTY DE BRÉCOURT.

COLLAS

JACQUES COLLAS, né en 1700, ép. 1726 Anne le François de Grandrue.

LAURENT-JACQUES COLLAS DE LA GRILLIÈRE, avocat, puis juge à Argentan en 1791, ép. 1766 Rosalie-Marie-Madeleine-Perrine-Jeanne Belzais de Courmesnil.	JACQUES-ANDRÉ COLLAS DE LA BARBOTIÈRE, né 6 juillet 1730, ép. 19 mai 1759 Anne-Françoise Pellerin de Bonnétable, *d'où postérité*.	ANNE COLLAS, ép. Claude Challemel de la Rivière, *d'où postérité*.

CHARLES-LAURENT COLLAS DE LA GRILLIÈRE, président du tribunal civil d'Alençon, chevalier de la Légion d'honneur, ép. 7 septembre 1802 Joséphine-Madelaine-Marie-Anne Lallement de Prébois	HENRIETTE-JACQUELINE-LAURENCE COLLAS DE LA GRILLIÈRE, ép. 20 prairial an VII, Jacques-Léonard *Révérend du Mesnil*.	MADELEINE-PERRINE COLLAS DE LA GRILLIÈRE, femme Jean-François-Jérôme Collas de Courval, procureur du roi à Argentan, membre de la Chambre des représentants en 1815.	JEANNE-ALEXANDRINE COLLAS DE LA GRILLIÈRE, ép. 1795 Louis-Xavier Boirel.

ERNEST COLLAS, président honoraire à la Cour d'appel de Caen, chevalier de la Légion d'honneur.

CAROLINE-ELÉONORE COLLAS DE COURVAL, ép. 10 sept. 1813, Louis de Vilade, président du tribunal de Mortagne.	JEAN-LAURENT-ADRIEN COLLAS DE COURVAL, maire de Rugles, marié à Virginie le Mareschal.	LÉON COLLAS DE COURVAL, colonel du génie en retraite, commandeur de la Lég. d'honneur, ép.	JEAN-LOUIS-ADOLPHE BOIREL, ép. 25 juillet 1819, Julie-Marie le Dangereux.	VIRGINIE BOIREL, ép. 26 juillet 1818, Marin Dufour, fils de Pierre-René, conseiller du roi, lieutenant en l'élection d'Argentan.

LÉON-CHARLES DE VILADE, né 18 mai 1818, ép. 3 sept. 1849, Stéphanie Carité de Goville.	JEAN-DENIS-ADRIEN COLLAS DE COURVAL, ép. 6 fév. 1866, Lucy Piron.	LAURE C. DE C., ép. Louis-Emile Trinité, off. de la Lég d'h., colonel du 27° de ligne.	MARIE-CAROLINE C., Henry Courtoise de Forgues, juge à Vire.	CLAIRE C.	ARTHUR C. DE C., doct.-méd., cher. de la Lég. d'honneur.	RIEUL BOIREL, mort.	MARIE-FÉLICIE BOIREL, ép. 10 oct. 1848 Alexis de France de Tersant.	AMÉDÉE-PIERRE DUFOUR, né le 24 mai 1819.	ERNESTINE DUFOUR, née 3 oct. 1821.	ALFRED-Pre DUFOUR, né 27 juin 1814, ép. 29 nov. 1871, Mathilde-Caroline du Chapelet de Maillebois, et 8 août 1876 Adeline Ernult, veuve Colabin.

MARIE-MARTHE DE VILADE, née 17 déc. 1853, ép. 22 nov. 1871, Marie Pollet, chev. de la Lég. d'h. — Elle est décédée le 18 mars 1874.	ANDRÉ.	MARIE.	URBAIN DE FRANCE, né 11 août 1849, ép. 22 avr. 1879 Mathde Pigault de Beaupré.	MARTHE DE FRANCE, née 9 oct. 1853.	*Du 1er lit :* BRIGITTE-LAURENCE 28 juin 1873, m. 1 juillet 1873.

RÉNÉ POLLET.	LOUIS POLLET.

IV

BELZAIS

———

Nicolas Belzais, sieur de Beaumesnil, conseiller du roi et élu en l'élection d'Argentan, ép. 1º 29 oct. 1726 Anne-Elisabeth-Jeanne du Moulin, fille de Philippe, et de Mlle Gautier ; 2º Madeleine Bodier (1) de laquelle vinrent :

Nicolas-Bernard-Joachim-Jean Belzais de Courmesnil, procureur du roi à Argentan, puis maire de cette ville, et administrateur du district, l'an III, membre du Conseil des Cinq-cents, président du Corps législatif, préfet de l'Aisne, ép. 11 sept. 1772 Françoise-Louise-Charlotte Goupil de Préfern.	Rosalie B. de C., morte religieuse.	Rosalie-Marie-Perrine-Janne Belzais de Courmesnil, ép. Jacques Collas de la Grillière (Voy. la filiation III).	Joachim-Auguste Belzais de C., curé d'Argentan, m. en 1823.

Sophie Belzais de C., ép. Louis-Jacques Fleury, maire de Laigle, député.	Belzais de Courmesnil, morte fille.

Bernard Fleury, ép. Mlle Blot, négociant, conseiller général de l'Orne.	Augustine Fleury, ép. Gustave Rossignol, négociant.	Elisa Fleury, ép. Mr Primois-Desnos.	Anaïs Fleury, ép. Félix Fleury, son cousin.	Fleury, morte fille.	Fanny Fleury, ép. M. Regnard, de la Ferté-Fresnel.

1º Marie Fleury. 2ºBernard Fleury.	Gaston F., nég., ép. Mlle de Neuvry.	Amélie F., ép. Théophile le Fèvre, négt à Laigle.	Ernestine Primois-Desnos.	Louise Fleury, ép. Loutreuil-Dutaillis, not. hon. à Argentan.	Marie ép. Alfred Hélie, not. à Argen.	Albert Regnard, officier d'infanterie.	Georges Regnard.	Laure Regnard.
	Un fils.	Le Fèvre, ép. M. Pelletier de St-Pierre.		Une fille.	Deux enfants.			

———

(1) Mlle Bodier, sa sœur, avait épousé François Cureau de la Chambre, premier médecin de la reine, fils de l'académicien français, Marin de la Chambre : d'où parenté avec les familles de Goulet, de la Fresnaye, de Roullée, etc.

V

GUYON DE VAULOGER

CHARLES GUYON, sieur DE VAULOGER, ép. 10 juin 1758, Michelle-Madeleine Menjot.

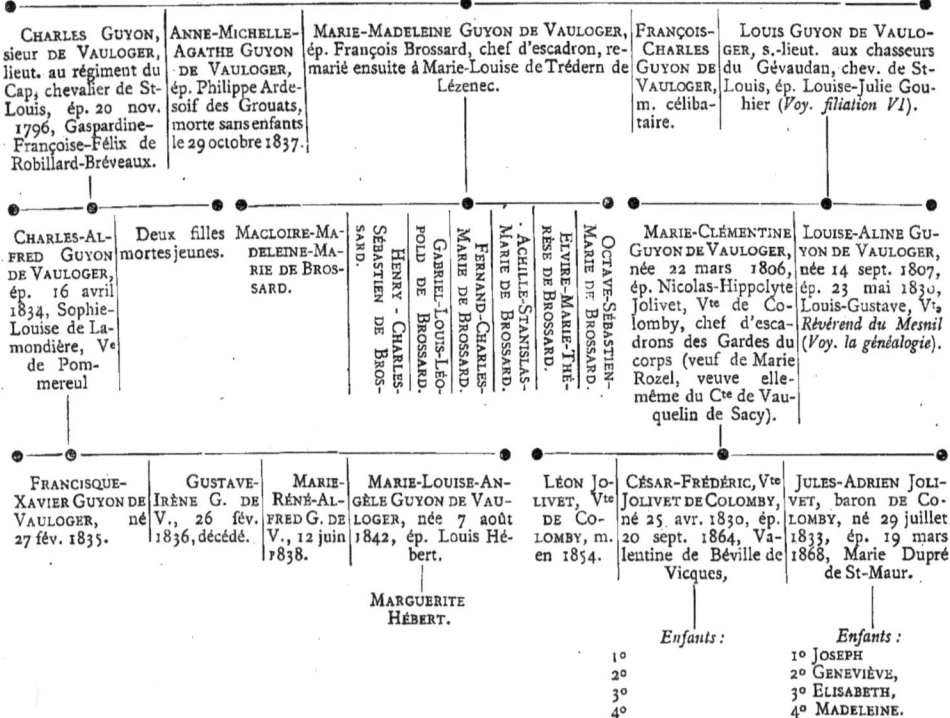

CHARLES GUYON, sieur DE VAULOGER, lieut. au régiment du Cap, chevalier de St-Louis, ép. 20 nov. 1796, Gaspardine-Françoise-Félix de Robillard-Bréveaux.

ANNE-MICHELLE-AGATHE GUYON DE VAULOGER, ép. Philippe Ardesoif des Grouats, morte sans enfants le 29 octobre 1837.

MARIE-MADELEINE GUYON DE VAULOGER, ép. François Brossard, chef d'escadron, remarié ensuite à Marie-Louise de Trédern de Lézenec.

FRANÇOIS-CHARLES GUYON DE VAULOGER, m. célibataire.

LOUIS GUYON DE VAULOGER, s.-lieut. aux chasseurs du Gévaudan, chev. de St-Louis, ép. Louise-Julie Gouhier (*Voy. filiation VI*).

CHARLES-ALFRED GUYON DE VAULOGER, ép. 16 avril 1834, Sophie-Louise de Lamondière, Ve de Pommereul

Deux filles mortes jeunes.

MACLOIRE-MARIE-MADELEINE-MARIE DE BROSSARD.

HENRY - CHARLES-SÉBASTIEN DE BROSSARD.

LÉOPOLD DE BROSSARD.

GABRIEL-LOUIS-LÉO-MARIE DE BROSSARD.

FERNAND-CHARLES-MARIE DE BROSSARD.

ACHILLE-STANISLAS-MARIE DE BROSSARD.

ELVIRE-MARIE-THÉRÈSE DE BROSSARD.

OCTAVE-SÉBASTIEN-MARIE DE BROSSARD.

MARIE-CLÉMENTINE GUYON DE VAULOGER, née 22 mars 1806, ép. Nicolas-Hippolyte Jolivet, Vte de Colomby, chef d'escadrons des Gardes du corps (veuf de Marie Rozel, veuve elle-même du Cte de Vauquelin de Sacy).

LOUISE-ALINE GUYON DE VAULOGER, née 14 sept. 1807, ép. 23 mai 1830, Louis-Gustave, Vte *Révérend du Mesnil* (*Voy. la généalogie*).

FRANCISQUE-XAVIER GUYON DE VAULOGER, 27 fév. 1835.

GUSTAVE-IRÈNE G. DE V., né 26 fév. 1836, décédé.

MARIE-RÉNÉ-ALFRED G. DE V., 12 juin 1838.

MARIE-LOUISE-ANGÈLE GUYON DE VAULOGER, née 7 août 1842, ép. Louis Hébert.

MARGUERITE HÉBERT.

LÉON JOLIVET, Vte DE COLOMBY, m. en 1854.

CÉSAR-FRÉDÉRIC, Vte JOLIVET DE COLOMBY, né 25 avr. 1830, ép. 20 sept. 1864, Valentine de Béville de Vicques,

Enfants :
1°
2°
3°
4°

JULES-ADRIEN JOLIVET, baron DE COLOMBY, né 29 juillet 1833, ép. 19 mars 1868, Marie Dupré de St-Maur.

Enfants :
1° JOSEPH
2° GENEVIÈVE,
3° ELISABETH,
4° MADELEINE.

VI

GOUHIER

—

LOUIS-THOMAS GOUHIER, sgr de la Chapelle, de Cérisay et du Chesnay, ép. Marie-Françoise-Catherine des Essarts.

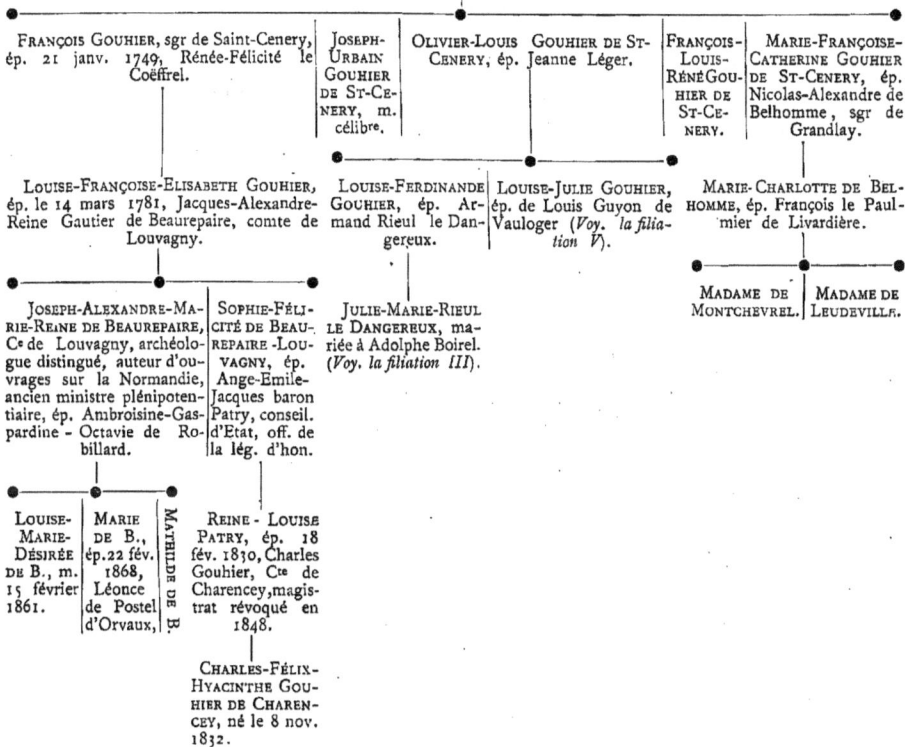

FRANÇOIS GOUHIER, sgr de Saint-Cenery, ép. 21 janv. 1749, Rénée-Félicité le Coëffrel.	JOSEPH-URBAIN GOUHIER DE ST-CENERY, m. célibre.	OLIVIER-LOUIS GOUHIER DE ST-CENERY, ép. Jeanne Léger.	FRANÇOIS-LOUIS-RÉNÉ GOUHIER DE ST-CENERY.	MARIE-FRANÇOISE-CATHERINE GOUHIER DE ST-CENERY, ép. Nicolas-Alexandre de Belhomme, sgr de Grandlay.

LOUISE-FRANÇOISE-ELISABETH GOUHIER, ép. le 14 mars 1781, Jacques-Alexandre-Reine Gautier de Beaurepaire, comte de Louvagny.	LOUISE-FERDINANDE GOUHIER, ép. Armand Rieul le Dangereux.	LOUISE-JULIE GOUHIER, ép. de Louis Guyon de Vauloger (*Voy. la filiation V*).	MARIE-CHARLOTTE DE BEL-HOMME, ép. François le Paul-mier de Livardière.

JOSEPH-ALEXANDRE-MARIE-REINE DE BEAUREPAIRE, Cᵉ de Louvagny, archéologue distingué, auteur d'ouvrages sur la Normandie, ancien ministre plénipotentiaire, ép. Ambroisine-Gaspardine - Octavie de Robillard.	SOPHIE-FÉLICITÉ DE BEAUREPAIRE -LOUVAGNY, ép. Ange-Emile-Jacques baron Patry, conseil. d'Etat, off. de la lég. d'hon.	JULIE-MARIE-RIEUL LE DANGEREUX, mariée à Adolphe Boirel. (*Voy. la filiation III*).	MADAME DE MONTCHEVREL. — MADAME DE LEUDEVILLE.

LOUISE-MARIE-DÉSIRÉE DE B., m. 15 février 1861.	MARIE DE B., ép. 22 fév. 1868, Léonce de Postel d'Orvaux, — MATHILDE DE B.	REINE - LOUISE PATRY, ép. 18 fév. 1830, Charles Gouhier, Cᵗᵉ de Charencey, magistrat révoqué en 1848.

CHARLES-FÉLIX-HYACINTHE GOUHIER DE CHARENCEY, né le 8 nov. 1832.

VII

HUE DE LA BLANCHE

CLAUDE-ANNE-VICTOR HUE DE LA BLANCHE, ép. 7 mars 1831, Aria-Pierrette-Irma Courtin de Neufbourg, fille de Jean-Baptiste Courtin de Neufbourg et de Nicole-Hortense Ravel de Montagny.

PAUL HUE DE LA BLAN-CHE, décédé en 1836.	XAVÉRINE-HORTENSE HUE DE LA BLANCHE, née 12 fév. 1834, ép. 19 avr. 1857, Clément-Ed-mond Vᵗᵉ Révérend du Mesnil (*Voy. la généalogie*).	ANNE-MARIE-VICTOIRE HUE DE LA BLANCHE, née le 14 fév. 1838, ép. 9 sept. 1861, Jean-Jules le Conte, fils de Jacques-Jean-Marie-Hubert le Conte et de Jeanne-Jenny Perier.

HUBERT-MARIE-HOR-TENSE LE CONTE, né 7 oct. 1862.	JEAN-ERNEST LE CONTE, 29 janv. 1865.	MARIE - MARGUERITE-HORTENSE LE CONTE, née 5 juin 1868.	MARIE - FÉLICIE -FRAN-ÇOISE - STÉPHANIE LE CONTE, 16 août 1875.

VIII

COURTIN

———

JEAN-BAPTISTE-JOSEPH COURTIN DE NEUFBOURG, né 7 janv. 1778, ép. 30 floréal an IX, Nicole-Hortense Ravel de Montagny, fille de Claude Ravel, écuyer, baron de Montagny et de Marie Challaye.

CLAUDE - ADONIAS *dit* ERNEST COURTIN DE NEUFBOURG, né 12 mars 1802, m. le 4 avril 1879.	JEAN-BAPTISTE-LUDOVIC, né 27 juillet 1805, ép. le 13 juillet 1833, Fleurie-Marie-Caroline Gonon, fille de Pierre Gonon, négt et de Claudine Deville; comte Romain; m. le 29 sept. 1881.	GUSTAVE-JEAN-BAPTISTE COURTIN DE NEUFBOURG, né le 17 mai 1809, religieux de St-Jean-de-Dieu, m. à Paris.	ARIA-PIERRETTE-IRMA COURTIN DE NEUFBOURG, née 15 juillet 1813, ép. Clde-Anne-Victor Huë de la Blanche (*Voy. la filiat. VII*).	FRANÇOISE-ORPHA COURTIN DE NEUFBOURG, née 28 oct. 1819.

JEAN-BAPTISTE COURTIN, comte DE NEUFBOURG, né 31 oct. 1835, épouse: 1o 25 janv. 1859, Marie-Laurence Battant de Pommerol, fille de Etienne-Marie-Pascal et de Françoise-Marie-Louise Chamboduc de St-Pulgent.	2o 15 janv. 1865, Marie-Louise-Elisabeth-Herminie Côte, fille de Marius Côte, banquier et de Claudine-Jeanne-Sabine Grand.	CLAUDE *dit* ERNEST COURTIN DE NEUFBOURG, né 31 oct. 1840, ép. 13 sept. 1865, Marie-Françoise-Olympe-Ennemonde Guillaume-Sirvanton, fille de Jean-Baptiste et de Marie-Catherine Guillaume-Pascal, m. le 20 août 1873.

MARIE-JEANNE-HORTENSE COURTIN DE NEUFBOURG, née 2 oct. 1859.	JEAN-BAPTISTE-LOUIS Vte COURTIN DE NEUFBOURG, né 2 juillet 1866.	MARIE COURTIN DE NEUFBOURG, née 19 août 1870.	FRANÇOISE - MARIE-LOUISE COURTIN DE NEUFBOURG, née 13 déc. 1866

ADDITION

Les LE RÉVÉREND

DE LA

Ville de Vire en Normandie

ÉTABLIS, EN 1747, A GAND (Belgique).

Ces *mémoires généalogiques* étaient déjà imprimés lorsqu'une occasion toute fortuite nous a fait découvrir cette branche belge, qu'à défaut de preuves certaines, nous croyons issue de Louis LE RÉVÉREND (p. 28) : nous en devons la précieuse communication à M. Charles Ullens de Schooten, dont la mère était l'une des deux filles survivantes du nom de le Révérend en Belgique.

Les registres paroissiaux de Vire ne remontent malheureusement pas au delà de 1600 : ils citent comme premiers du nom :

DAVID LE RÉVÉREND (1), drapier, marié à Catherine Durant, d'où vinrent :

      1° Marguerite le Révérend, baptisée le 4 novembre 1613;

      2° Jean le Révérend, né posthume, baptisé le 7 juillet 1615.

Nous ne doutons pas que leur fils aîné n'ait été *Michel le Révérend* qui suivra : toutefois à défaut de preuves authentiques, nous ne rapportons son extraction qu'à titre de simple hypothèse, et cependant la descendance de ce Michel indique des rapports certains de parenté avec la branche de Louis le Révérend fixée à Falaise, ainsi qu'on le verra par les annotations en bas de pages qui accompagnent les noms cités.

La filiation ne s'établit régulièrement que depuis :

I. MICHEL LE RÉVÉREND, IIIe du nom (2), qui épousa Marguerite le Roy : ils

---

(1) Il devait être frère de Pierre le Révérend, marié à Falaise le 15 juin 1606 : voy. p. 29. — Voy. les Durant, p. 44.

(2) Michel II le Révérend, sieur de Bougy, *son oncle*, dut être son parrain : il est cité p. 14.

moururent tous deux à Vire et y furent inhumés : Marguerite le Roy, le 7 mars 1654 et Michel le Révérend, le 19 juillet 1658.

Les registres paroissiaux de cette ville nous montrent que leurs enfants furent :

1° Jean-Baptiste le Révérend, baptisé le 25 août 1642 : parrain, Jean le Roy ; marraine, Chardine le Révérend (1) ;

2° Marguerite le Révérend, baptisée le 27 septembre 1643 : parrain, Jean le Révérend (2) et marraine, Marguerite Mesguet, femme Jean le Roy ;

3° Thomas le Révérend, qui suivra ;

4° Anthoine le Révérend, baptisé le 28 juillet 1647 : parrain, maistre Anthoine de Boisne, procureur *commun* (3), sieur de la Chapelle ; marraine, Thomasse le Roy, fille à Jean le Roy ;

5° Stanenotte le Révérend, baptisée le 12 janvier 1651 : parrain, Me Pierre Baudary, sieur de Beauvais (4) ; marraine, Stenenotte Lyoult, femme de Me Jehan Pihan, sieur de Laubesnière ;

6° Jean le Révérend, baptisé le 20 novembre 1652 : parrain, Jean le Chartier, sellier de Campaignolles ; marraine, Chardine le Révérend, veuve de Jean-Baptiste Roussel.

II. Thomas LE RÉVÉREND, IIe du nom (5), baptisé à Vire, le 8 décembre 1644 : parrain, Thomas de Bien, conseiller assesseur à Vire, sieur de la Héraudière ; marraine, Stanenotte Sérard, femme de Guillaume le Prévost, procureur commun, sieur de la Halottière. Il épousa le 8 juin 1669, en l'église Notre-Dame de Vire, Catherine le Grand : témoins, Michel le Révérend et R. le Grand, et eut d'elle :

III. Thomas LE RÉVÉREND, IIIe du nom, baptisé à Vire, le 21 novembre 1678 : parrain, Thomas-Ulysse Marchand ; marraine, Anne Roussin. Il prit pour femme, le 20 juin 1712, Catherine Brière (6), fille de Pierre Brière et de Françoise du Chemin.

---

(1) Sœur de David le Révérend, par conséquent tante du baptisé ?

(2) Voyez pour Jean le Révérend la page 30 et pour les le Roy la page 44.

(3) Procureur de la *communauté* de Vire (?).

(4) Un Jean de Beauvais, sans doute de cette famille, fut parrain de Jean le Révérend, né à Falaise le 9 mai 1658, du mariage de Jehan le Révérend avec Marie Henry : voyez p. 51.

(5) Voy. p. 17.

(6) Voy. p. 50, Jacqueline Brière, femme de Charles le Révérend, IIe du nom. Un prêtre du nom de Brière baptisa à Falaise, le 12 novembre 1692, Jean-Jacques le Révérend, fils de Philippe le Révérend et de Catherine Coypel (p. 33).

Témoins Richard Chalmé, Jean-Baptiste Grout, Robert le Révérend (1) et François Brière

Thomas le Révérend décéda à Vire le 13 novembre 1762 et Catherine Brière, le 5 janvier 1765.

Entre autres enfants, ils laissaient :

IV. JEAN LE RÉVÉRAND (sic), baptisé à Vire le 14 décembre 1718 : parrain et marraine, Jean Brière et Agnès Baudry, son épouse.

Il fut marié à Gand, église Saint-Michel Nord, le 22 juillet 1747, avec Pétronille Westerlinck, née à Gand le 29 juin 1719, fille de Pierre Westerlinck et de Florence Cambain : témoins du mariage, Pierre Westerlinck et Marie Neyt.

Ils eurent pour enfant unique :

V. PIERRE-BENOIT LE RÉVÉREND, né à Gand et baptisé à Saint-Michel Nord le 22 mars 1748 : parrain, Pierre Westerlinck; marraine, Catherine Baron. Il épousa, à Gand, le 16 septembre 1788, Marie-Robertine Cocquyt, née à Gand le 12 décembre 1752, y décédée le 3 décembre 1816, fille d'Abraham-Charles-Louis-Joseph Cocquyt, sieur de Cruysvelde, et d'Albertine-Anne-Isabelle Pattheet.

Cocquyt : D'azur, au chevron d'argent, chargé de cinq roses de gueules boutonnées d'or, accompagnées de trois étoiles d'or de six raies.

PIERRE LE RÉVÉRAND mourut à Gand, le 8 germinal an XII (29 mars 1804). De leur union étaient issus :

1° Marie-Caroline-Ursule-Bénédicte-Henriette Le Révérand, née à Gand le 21 octobre 1789, femme, en cette ville, le 15 février 1821, de Philippe-Jean-Ambroise de Potter, né à Gand le 23 juillet 1792, fils de Jean-Baptiste-Philippe de Potter et de Anne-Livine-Amelberge Rooman.

Potter : D'azur, au croissant d'argent, au chef du même, chargé de trois roses de gueules.

2° Antoine-François-Louis Le Révérand, né à Gand le 13 novembre 1793, prêtre et secrétaire de l'évêché de Gand. Il fut déporté et interné, en 1813, dans la forteresse de Wezel, pour refus d'obéissance à l'évêque intrus de Gand; il mourut à l'âge de 25 ans, à la suite des fatigues et des privations endurées durant sa détention.

3° Charles-Joseph Le Révérand, qui suit.

VI. CHARLES-JOSEPH LE RÉVÉRAND, né à Gand le 11 avril 1796, chevalier de l'Ordre de l'Éperon d'or. Il fut marié deux fois :

La première, à Ypres, le 27 septembre 1826, avec Geneviève-Thérèse-Constance Struye, née à Ypres, le 29 décembre 1799, décédée à Gand le 2 mars 1829, fille de

---

(1) Parrain de Robert le Révérend de Falaise mentionné p. 33.

— 74 —

Jacques-François Struye, et de Geneviève-Antoinette-Constance de Patin de Léturve, et eut d'elle :

Van Gameren : *D'or à deux fasces de gueules.*

1° Louis-de-Gonzague-Marie-François-de-Sales-Ignace Le Révérand, né à Gand le 22 février 1829, décédé à Everghem le 23 janvier 1838; en seconde noce, civilement à Anvers le 4 août 1831 et religieusement à Aertselaer le 6 du même mois, avec Zoë-Hortense-Antoinette Van Gameren, née à Anvers le 15 février 1806 du mariage d'Aimé-Jean-Joseph Van Gameren et de Thérèse-Caroline-Catherine-Colette-Josèphe de Pelgrom de Breuseghem.

De ce deuxième lit vinrent :

Ullens : Écartelé aux 1 et 4 d'argent à l'aigle éployée de sable armée et lampassée de gueules ; aux 2 et 3 d'argent, au chevron de gueules, accompagné de trois gerbes de jonc de sinople liées d'or.

Van den Cruyce: D'azur, à la croix ancrée d'or.

2° Félicité-Marie-Colette-Gislaine Le Révérand, née à Gand le 3 mai 1832, décédée à Burght le 5 octobre suivant.

3° Stéphanie-Marie-Colette Le Révérand, née à Anvers le 10 septembre 1833 qui a épousé à Anvers le 19 août 1852 Herman-Joseph-Eugène-François Ullens de Schooten, né à Schooten le 23 août 1825, fils de Joseph-Antoine Ullens de Schooten et d'Angélique-Marie-Frannçoise Van den Cruyce; d'où quatre enfants.

4° Joseph-Marie-Vincent-de-Paul Le Révérand, né à Anvers le 23 janvier 1836, et décédé le 13 décembre suivant.

5° Vincent-de-Paul-Marie-Hubert Le Révérand, né à Anvers le 7 février 1838, et décédé le 23 avril suivant.

6° Marie-Oswalda-Huberta-Colette Le Révérand, née à Anvers le 10 mai 1839, religieuse au couvent du Sacré-Cœur de Besançon.

9 7 8 2 0 1 2 5 8 8 2 2 6